乡村振兴助农直播口袋书

农产品直播电商 500 问

NONGCHANPIN ZHIBO DIANSHANG 500 WEN

赵宁　商竞　赵改娟　编

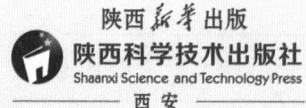

陕西新华出版
陕西科学技术出版社
Shaanxi Science and Technology Press
——西安——

图书在版编目（CIP）数据

农产品直播电商 500 问 / 赵宁，商竞，赵改娟编. — 西安：陕西科学技术出版社，2023.5（2024.9 重印）.
ISBN 978-7-5369-8714-2

Ⅰ.①农… Ⅱ.①赵…②商…③赵… Ⅲ.①农产品 – 网络营销 – 问题解答 Ⅳ.① F724.72-44

中国国家版本馆 CIP 数据核字 (2023) 第 093253 号

农产品直播电商 500 问
赵宁　商竞　赵改娟　编

出 版 人	崔　斌
策　　划	李　栋　赵文欣
责任编辑	张　戬　焦　洁
封面设计	朵云文化

出 版 者	陕西科学技术出版社 西安市曲江新区登高路 1388 号陕西新华出版传媒产业大厦 B 座 电话（029）81205187　传真（029）81205155　邮编 710061 http://www.snstp.com
发 行 者	陕西科学技术出版社 电话（029）81205190　81205195
印　　刷	陕西金和印务有限公司
规　　格	720mm×1000mm　16 开本
印　　张	13.25
字　　数	80 千字
版　　次	2023 年 5 月第 1 版 2024 年 9 月第 2 次印刷
书　　号	ISBN 978-7-5369-8714-2
定　　价	59.80 元

版权所有　翻印必究
（如有印装质量问题，请与我社发行部联系调换）

前言
preface

早早地来到办公室，为《农产品直播电商 500 问》这本新书写前言。

每次在为新书写前言的时候，我都像是只身站在一个路口，回望来时的路，会有些感慨，却无法言表。

《农产品直播电商 500 问》这本书，记录着我们在乡村振兴领域、在短视频和直播电商领域、在新媒体创作领域这一路的历程，包括我们的老师、我们遍布在祖国各个地方的学员，也包括我自己。

直播如何赋能乡村振兴？

人民论坛网有篇文章道："畅通农产品销售，品质是加法，营销是乘法。'好酒也怕巷子深'，直播带货以一种风风火火的方式打开了乡村特色产品的销路，实现了从'人找货'到'货找人'的转变，建立了适应新的销售形势的有效渠道。"这句话完美诠释了我们在写《农产品直播电商 500 问》这本书时一直想寻找的答案。

到现在，我越来越笃定，短视频和直播是普通人入局新媒体成本最低的方式。拿起手机去拍摄，打开手机去讲述自己家乡的故事，去记录人间每一份再普通不过的烟火气，未来这些都是我们每个农人的技能，也是我们农人的生活方式，更是我们对乡村生活的致敬和怀念。让手机成为新的农具，让直播成为新的农活，让数据成为新的农资，让农人成为新的网红。

在这本书里，我们用浅显的语言和真实的案例讲解了在直播电商中大家经常遇见的问题。这 500 问，几乎囊括了直播电商中遇见的所有的问题，我们对其进行一一解答，这本书也可被称为"短视频和直播的新华字典"。

本书分为9篇，分别对短视频与直播运营中涉及的账号、操作、设备、玩法、产品、店铺、流量、团队等环节在实操中出现的问题进行了收集，并进行了精准解答，将每个问题都编入目录，使读者可以通过目录快速找到自己所面对的问题及解决方法。这本书具有极强的实用性与通用性，能够为扎根在农业一线的小伙伴们解决他们在农产品直播销售中面临的种种问题，使他们早日感受到短视频直播销售带来的福利，让他们成为"三农领头雁"，带动更多的农人去学习农产品短视频直播销售。同时，为方便工作在农业一线的读者阅读，本书中采用的重量单位为"斤"（1斤=500g），并使用了直播间的常用话术用语。

我们把课堂搬进田间地头，把论文写在中华大地上！让更多的三农领头雁成为乡村振兴的持久动力；让三农网红推动县域农产品上行，让家乡的特色农产品插上翅膀，飞到全国甚至全世界人的餐桌。生如蝼蚁，当有鸿鹄之志，为天地立心，为生民立命，为往圣继绝学，为万世开太平！

诚挚感谢学校和企业里每一位陪伴我们走过来的领导和同事，还有陕西直播产业研究院的小伙伴们以及团队的每一个老师们，当然，最要感谢的是每一位学员，是你们让我们感受到了教育的尊严和伟大。感谢各位默默的支持，你们让我在迷茫和孤独时，不会放弃。感谢陕西科学技术出版社的各位老师，一直在耐心地指导。感谢所有的所有，包括正在读这篇文字的你。

赵宁
2023年5月5日

名词解释

BD：business development 的简称，即商务拓展。

BGM：Background music 的简称，即背景音乐，本书中指在短视频中用于调节气氛的配乐，能够更加清晰地表达出情感。

抖店 IM 不满意率：近 90 日 IM 差评（1~3 星）数 / 近 90 日有评价 IM 数。

DMP：data management platfrom 的简称，即数据管理平台，通过收集、第三方合作 / 购买等方式获取用户访问网站、APP 的日志数据等，获得一些公开数据，然后对所有访问用户进行全方位的分析，并进行打标签的工作，提供了投放目标人群的基础数据。

DOU+：抖音创作者的短视频加热工具，通过 DOU+ 助力，能够高效提升视频播的放量与互动量，提升内容的曝光效果。

ECPM：effective cost per mile 的简称，即每一千次展示可以获得的广告收入。

DSR：即店铺的动态评分。DSR= 总分数 / 总人数。动态评分包含产品介绍相符合、商家服务质量、送货速率三大要素。

GMV：gross merchandise volume 的简称，即商品交易总额，是成交总额（一定时间段内）的意思。

IM 权限：指的是抖音商家与达人在线通讯工具权限，商家可以通过联盟 IM 在线沟通工具建联达人、处理合作意向、进行商务谈判等，更高效地建联匹配到合适的达人。

KOL：key opinion leader 的简称，即关键意见领袖，在本书中是指拥有更多、更准确的产品信息，在某些领域能被相关消费群体接受和信任，并对该群体的购买决策有较大影响力的人。

KPI：key performance indicator 的简称，即关键绩效指标，又称主要绩效指标、重要绩效指标。是通过对输入端、输出端的关键参数进行设置、取样、计算、分析，从而衡量流程绩效的一种目标式量化管理指标。

MCN：multi-channel network 的简称，即多频道网络。MCN 机构是服务于新的网红经济模式的各类机构总称。

ROI：return on investment 的简称，即投资回报率，是指通过投资而应返回的价值，本书中指卖家的投入产出比。

SKU：stock keeping unit 的简称，即库存进出计量的基本单元，以件、盒、托盘等为单位。本书中被引申为产品统一编号的简称，每种产品均对应有唯一的 SKU 号。例如，一种商品的品牌、型号、配置、等级、花色、包装容量、单位、生产日期、保质期、用途、价格、产地等属性中任一属性与其他商品存在不同时，就可称为一个 SKU。

UV：unique visitors 的简称，即独立访客数，本书中指进入一场直播的不同用户，即独立触发用户数。

目 录
contents

1 账号篇
（抖音平台）

1. 做短视频和直播为什么要定位? ... 1
2. 账号定位五步曲（以种植草莓为例） ... 1
3. 账号主页五件套 ... 1
4. 账号权重包括哪些方面? ... 2
5. 抖音封面四件套设置要求是什么? ... 2
6. 抖音账号封面四件套可以随意修改更换吗？ ... 2
7. 抖音普通账号和蓝V账号有什么区别? ... 2
8. 如何对账号做定位? ... 3
9. 什么是账号标签? ... 3
10. 抖音账号标签的类型有哪些? ... 3
11. 抖音短视频流量层级是什么? ... 3
12. 旧账号注销后多久才能在新账号进行实名认证? ... 4
13. 抖音如何进行实名认证? ... 4
14. 抖音如何进行官方认证? ... 4
15. 抖音账号的认证操作是否有必要? ... 4
16. 企业认证出现问题怎么办? ... 5
17. 一个人可以实名认证多少个抖音号? ... 5
18. 抖音账号蓝V认证的有效期和收费情况如何? ... 6

19. 如何查看自己的账号是否打上标签? 6
20. 如何检测自己的账号是否违规? 6
21. 如何注销抖音账号? 8
22. 同一作品可以在同一账号重复发布吗? 8
23. 账号内容调整,能否批量删除旧作品? 8
24. 什么是矩阵账号?矩阵账号怎么做? 8
25. 矩阵账号分为哪些类型? 8
26. 账号矩阵对品牌有什么贡献? 9
27. 如何搭建矩阵账号? 9
28. 矩阵账号短视频发布时如何相互引流? 9
29. 为什么要打造矩阵账号? 9
30. 矩阵号直播如何相互导流? 10
31. 如何提高账号的转粉率? 10
32. 抖音账号内容创作的基本原则 10
33. 账号内容如何赋予用户情绪价值? 11
34. 账号热点内容的主要类型有哪些? 11
35. 叫好不叫座的抖音账号有哪些类型? 11
36. 账号起步阶段运营的重点是什么? 12
37. 账号成长阶段运营的重点是什么? 12
38. 账号成熟阶段的变现渠道有哪些? 12
39. 账号品宣阶段运营的重点是什么? 12
40. 怎样判断抖音账号有无标签? 13
41. 如何快速给账号打标签? 13
42. 没有运营经验、作品内容分散的抖音账号,后期还值得打造吗? 13
43. 抖音限流的表现形式有哪些? 13
44. 如何排查账号被限流? 13
45. 账号降权有几种方式? 14

46. 账号被降权或限流，该怎么挽救？ 14
47. 什么样的老账号没有维护价值？ 14
48. 养号期间可以给账号刷量买粉吗？ 14
49. 为什么有人随便发，作品就上热门了？ 15
50. 抖音账号的网络环境 15
51. 直播贴片有哪些类型？ 15
52. 关于账号的 10 个谣言 15

2 操作篇
（抖音平台）

1. 如何进行开播操作？ 17
2. 直播封面如何设置？ 18
3. 直播标题怎么设置？ 18
4. 直播内容怎么设置？ 18
5. 同城开关怎么设置？ 19
6. 直播间介绍 19
7. 如何查看账号是否违规了？ 19
8. 不想让别人下载视频怎么办？ 20
9. 直播预告贴纸怎么设置？ 20
10. 如何隐藏或展示主页的"关注"和"喜欢"列表？ 21
11. 如何建粉丝群？ 21
12. 抖音粉丝群怎么设置？有什么用？ 21
13. 如何开通小店？ 21
14. 小店开通后，需要设置哪些选项？ 24
15. 小店开通以后怎么绑定店铺官方抖音账号？绑定店铺官方抖音账号有什么好处？ 24
16. 如何设置抖音后台的支付方式？ 24

17. 如何设置抖音小店的客服电话？……25

18. 如何新建抖音小店的运费模板？……25

19. 如何在抖音小店上架商品？……26

20. 抖音小店上架商品链接的注意事项有哪些？……27

21. 小店常用的营销活动有哪些？怎么设置？……27

22. 精选联盟是什么？怎么开通？……27

23. 精选联盟中有哪些计划？……28

24. 小店如何高效上架商品、高效发货？……28

25. 抖店客服用什么工具？主要注意事项有哪些？……28

26. 如何设置签收关怀？……28

27. 投放小店随心推的步骤是什么？可以投放什么目标？……29

28. 抖音直播间的福利任务如何设置？……29

29. 账号冷启动阶段，巨量千川投放的基础定向如何选择？……29

30. 如何进行千川投放选品？……31

31. 抖音小店商品挂小黄车，在电脑端如何操作？……32

32. 抖音小店商品挂小黄车，在手机端如何操作？……32

33. 如何设置抖音直播间商品卖点和讲解卡？……32

34. 抖音直播贴纸如何设置？……32

35. 抖音直播时，直播伴侣工作流程包含哪些内容？……33

36. 直播伴侣中如何添加素材？……33

37. 直播伴侣如何进行素材管理？……35

38. 抖音直播间如何设置福袋？……35

39. 福袋有哪些类型？……36

40. 发放实物福袋要注意什么？……36

41. 直播伴侣如何设置星图任务？……36

42. 什么是直播镜头律动效果？如何设置？……36

43. 直播伴侣如何设置开播？……37

44. 直播伴侣如何设置绿幕人像抠图？ 38
45. 直播伴侣礼物展示如何设置？ 39
46. 如何设置直播参数？ 39
47. 如何判断设置的参数是否合适？ 40
48. 直播连麦中如果对方听不到主播声音该怎么办？ 40
49. 直播连麦中如果主播听不到对方声音该怎么办？ 41

3 设备篇
（抖音平台）

1. 带货直播间常用的灯光设备有哪些？ 42
2. 带货直播间需要配置哪些设备？ 42
3. 直播间常用的灯光类型有哪些？ 42
4. 直播间常用的主光源设备有哪些？ 44
5. 直播间常用的光效有哪些？ 45
6. 直播间灯光设备的重要性 45
7. 直播间灯光选择的核心参数有哪些？ 45
8. 直播间如何布置光源？ 46
9. 为什么直播间有刺耳的电流音？ 46
10. 直播间怎么进行设备配置？ 47
11. 常用的直播软件有哪些？ 47
12. 什么是声卡？什么情况下需要配置声卡？ 47
13. 声卡设备分哪些类型？ 48
14. 直播麦克风有哪些？ 48
15. 为什么三农直播更偏爱领夹麦？ 48
16. 什么是采集卡？ 48
17. 什么是导播台？ 49
18. 什么是调音台？ 49

19. 直播绿幕怎么用？用在什么场景？ 49
20. 直播间画面模糊、主播显白是怎么回事？ 49
21. 直播画面出现卡顿该如何解决？ 49
22. 直播画面黑屏该怎么处理？ 50
23. 下播后的注意事项有哪些？ 50
24. 直播间投屏的设备有什么？ 50
25. 直播一体机使用哪些设备？ 50
26. 直播间需要准备哪些卡牌？ 51
27. 直播设备选取应注重的四大功能 51
28. 三农类室内、室外直播如何布置背景？ 51
29. 小白级直播间的设备应该如何配置？ 51
30. 三农直播间的道具清单中不容错过的有哪些？ 52

4 玩法篇
（抖音平台）

1. 抖音短视频作品5个关键点 53
2. 抖音的底层逻辑是什么？ 53
3. 抖音的八大流量池是什么？ 54
4. 抖音短视频的五大核心元素是什么？ 54
5. 发布作品的五要素是什么？ 55
6. 爆款短视频的九大标准 55
7. 如何运营新账号？ 55
8. 账号运营经历的3个阶段是什么？ 56
9. 如何做出用户喜欢的短视频？ 56
10. 三农小视频选题的五大类型 56
11. 抖音短视频热门内容的10个基因 57
12. 做抖音必须经历的8个阶段 57

13. 不同权重的短视频，首播推流是不一样的吗？ ……………… 58
14. 什么是憋单？ ……………………………………………………… 58
15. 怎样进行作品上热门的数据分析？ …………………………… 58
16. 如何增加用户停留时长？ ……………………………………… 59
17. 老主播一定有优势吗？ ………………………………………… 60
18. 新号高返怎么玩？ ……………………………………………… 60
19. 开播半小时怎么玩？ …………………………………………… 60
20. 什么是直播商品 AB 区间链？ ………………………………… 61
21. 怎样憋单？ ……………………………………………………… 61
22. 复合链接怎么玩？ ……………………………………………… 61
23. 直播间起号怎么玩？ …………………………………………… 62
24. 如何引导"薅羊毛"购买主推品和利润品？ ………………… 62
25. 低价转高价怎么玩？ …………………………………………… 62
26. 直播间粉丝留存怎么拉？ ……………………………………… 63
27. 直播间口碑分 …………………………………………………… 63
28. 直播间口碑分的影响因素 ……………………………………… 63
29. 直播间口碑分有什么作用？ …………………………………… 63
30. 如何确保直播间口碑分？ ……………………………………… 64
31. 商家的体验分和带货口碑分是什么关系？ …………………… 64
32. 橱窗信用分是什么？ …………………………………………… 64
33. 直播间爆款怎么测？ …………………………………………… 65
34. 抖音直播送福利有哪些玩法？ ………………………………… 65
35. 福袋怎么操作？ ………………………………………………… 66
36. 红包怎么操作？ ………………………………………………… 66
37. 直播间常见的互动玩法 ………………………………………… 66
38. 福袋和红包的区别是什么？ …………………………………… 69
39. 新号如何增加关注量？ ………………………………………… 69

40. 新号如何提升成交转化? 69
41. 平播怎么玩? 70
42. 7天螺旋起号怎么玩? 70
43. 福袋卡广场怎么玩? 70
44. DOU+活动起号怎么玩? 70
45. 垂直起号怎么玩? 71
46. 内容起号怎么玩? 71
47. 适合三农主题的4种内容玩法 71
48. 如果三农学员做账号,不愿意出镜怎么办? 74
49. 直播切片号怎么玩? 74
50. 千川打标签怎么打? 74

5 产品篇

(抖音平台)

1. 直播间常见的几种产品类型 75
2. 什么样的产品适合做引流款? 75
3. 低价是引流款的核心吗? 76
4. 引流款的作用是什么? 76
5. 引流款的数量、定价如何设置更为合理? 76
6. 什么样的产品适合做福利款? 76
7. 什么样的产品适合做利润款? 76
8. 直播产品如何介绍? 77
9. 抖音选品的底层逻辑是什么? 77
10. 如何塑造产品价值? 77
11. 选品常见问题有哪些? 78
12. 直播间选品策略 78
13. 直播选品的四大原则是什么? 79

14. 直播带货选品六大核心标准 79
15. 直播间排品原则是什么? 79
16. 如何布局直播间选品结构? 79
17. 常规直播间如何排品? 80
18. 什么是直播间爆品? 80
19. 打造爆品的核心逻辑是什么? 80
20. 什么是爆品影响力评估模型? 80
21. 什么样的产品属于潜力爆品? 80
22. 3种常用的测品方法是什么? 81
23. 什么是形象款? 形象款具备什么特点? 81
24. 直播选品依据是什么? 81
25. 如何为产品定价? 82
26. 单一品类组品策略 82
27. 垂直品类组品策略 82
28. 多品类组品策略 82
29. 品牌专场组品策略 83
30. 直播组品注意事项有哪些? 83
31. 通过引流款将直播间拉到千人在线, 但是一卖利润款就掉人是什么原因? 84
32. 直播选品的常规步骤 84
33. 选择产品品类的具体方法 84
34. 常用的选品工具有哪些? 84
35. 三农账号有哪些可以带货的品类? 有什么特点? 85
36. 抖音直播不能卖的商品有哪些? 85
37. 适合小白快速出体验分的抖音小店选品方法 85
38. 什么是六段排品法? 85
39. 什么是三品组合法? 86

40. 什么是单品爆破？适合哪类商家？怎么卖？ 86
41. 如何选择憋单款？ 86
42. 直播间商品上多少款合适？ 87
43. 结合少年消费者人群，分析直播选品 87
44. 结合青年消费者人群，分析直播选品 87
45. 结合中年消费者人群，分析直播选品 88
46. 结合老年消费者人群，分析直播选品 88
47. 结合男性消费者特点，分析直播选品 88
48. 结合女性消费者特点，分析直播选品 88
49. 直播间纯付费投放如何选品？ 88
50. 直播间非纯付费如何选品？ 89
51. 常用选品清单 89
52. 直播选品——产品自评六维度 89
53. 直播选品——商家评估三维度 89
54. 直播选品——市场需求评估 90
55. 直播选品——选品渠道评估 90
56. 如何借助精选联盟的产品线索选品？ 90
57. 如何借助精选联盟的店铺线索选品？ 90
58. 如何借助类目线索选品？ 91
59. 如何使用电商罗盘选品？ 91
60. 如何借助巨量千川选品？ 91
61. 千川选品注意事项有哪些？ 92
62. 如何判断产品是短线还是长线？ 92
63. 如何选择新品？ 92
64. 如果商家有资源、有工厂，是否适合开抖店借助抖音卖货？ 92
65. 如何使用商机中心选品？ 93
66. 什么是蓝海商机？ 93

67. 直播间产品的深度优化方向 ... 93
68. 三农账号选品共性痛点 ... 94
69. 三农账号直播带货的困境 ... 94

6 店铺篇
（抖音平台）

1. 抖音小店是什么？ ... 95
2. 抖音小店开通需要什么材料和资质？ ... 95
3. 商品橱窗是什么？ ... 95
4. 商品橱窗有哪些开通条件？ ... 95
5. 商品橱窗的功能是什么？ ... 96
6. 抖音小店和商品橱窗有哪些区别？ ... 96
7. 开通抖音小店对营业执照的要求有哪些？ ... 96
8. 开通抖音小店的渠道是什么？ ... 97
9. 哪种店铺支持变更店铺类型？ ... 97
10. 如何进行店铺类型变更？ ... 97
11. 变更店铺类型时，需要满足相应店铺类型对品牌的要求是什么？ ... 98
12. 店铺变更提交审核后的特别说明 ... 99
13. 抖音小店与商品橱窗的展示区别 ... 99
14. 什么是抖音门店？ ... 100
15. 蓝Ⅴ认证是什么意思？ ... 100
16. 抖音商品橱窗、蓝Ⅴ与抖店的核心区别是什么？ ... 101
17. 抖音小店的店铺类型有哪些？区别是什么？ ... 101
18. 如何开通抖音门店入驻抖音生活服务平台？ ... 101
19. 入驻抖音生活服务平台的店铺可选择哪些模式？ ... 102
20. 什么样的商家可以入驻抖音生活服务平台？ ... 102
21. 对于小白来说，应该先开通商品橱窗还是先开通抖音小店？ ... 102

22. 新手运营抖音小店的一般流程是什么? 103
23. 抖音小店如何通过精选联盟带货? 103
24. 商家入驻精选联盟的条件是什么? 103
25. 商家入驻精选联盟的流程是什么? 104
26. 达人如何添加售卖店铺普通计划商品? 105
27. 设置普通计划的几点说明 105
28. 运营抖音小店的常规操作是什么? 105
29. 抖音小店有哪些流量入口? 105
30. 为什么商品在抖店上架了,在橱窗却看不到? 106
31. 如何提升抖音小店体验分? 106
32. 抖音小店商品如何设置佣金? 106
33. 如果已选择某个类目,入驻以后还能增加或修改类目吗? 106
34. 什么是抖店类目报白?需要提供哪些资料? 106
35. 抖音账号如何绑定店铺官方号? 107
36. 抖店绑定授权号的流程是什么? 107
37. 店铺官方账号绑定要求是什么? 107
38. 什么是商家体验分? 107
39. 商家体验分指标由哪些部分构成? 108
40. 体验分考核权重 111
41. 体验分应用于哪些场景? 112
42. 商家货款结算日期细则 113
43. 1个营业执照可以认证多少个抖音号?开多少个小店? 114
44. 抖音小店常用的工具有哪些? 114
45. 开通小店后哪些操作会获得流量加持? 115
46. 为什么店铺上传产品却提示审核不通过? 115
47. 商家主动退出抖音小店流程 115
48. 在什么情况下,商家会被抖音小店平台清退? 116

49. 抖音账号如何申请账号解封? 117
50. 什么是店铺释放? 117

7 流量篇
(抖音平台)

1. 带货类直播三大流量入口 119
2. 什么是 Feed 流? 120
3. Feed 投流适合哪些人群? 120
4. Feed 投流的内在逻辑是什么? 120
5. Feed 投流的特点是什么? 120
6. 什么是 DOU+? 121
7. DOU+ 投放的类型有哪些? 121
8. DOU+ 有什么优势? 121
9. 直播间投 Feed 流和 DOU+ 有什么区别? 122
10. 什么是小店随心推? 122
11. 小店随心推投放渠道 122
12. 小店随心推适用于哪些场景? 122
13. 小店随心推投放人群怎么选? 123
14. 小店随心推短视频投放的出价模式有哪些? 123
15. 小店随心推直播投放的策略 123
16. 巨量千川是什么? 123
17. 巨量千川的功能和优势 124
18. 千川投放的底层逻辑 124
19. 常见的 4 种直播流量形式 124
20. 直播间怎么样才能够获得更多的流量? 124
21. 如何提高预期点击率和转化率? 125
22. 常用的提高直播转化的互动操作有哪些? 125

23. 直播带货为什么没有流量？......125
24. 提升抖音直播权重的关键指标有哪些？......126
25. 千川投放应重点关注的数据有哪些？......126
26. 什么是冷启动期？......126
27. 千川投放的冷启动注意事项有哪些？......127
28. 新号开播流量少是什么原因？......127
29. 抖音直播流量突然下降是什么原因？......127
30. 如果突然断播、更换时段，对平台推流是否有影响？......128
31. 直播间新粉转化率太低怎么办？......128
32. 如果直播间付费流量占比过高，是否会影响自然流量？......128
33. 日常直播在线人数达 1000 人的账号突然没有直播推荐是什么原因？......129
34. 如果进行千川推广还没流量是什么原因？......129
35. 千川投放突然没量，是什么原因？......129
36. 账号出现爆品后流量却不断下降该怎么办？......129
37. 直播间把控流量的关键点是什么？......130
38. 如何承接开播极速流量？......130
39. 基于流量入口的差异，三农直播间应该选择哪种直播模式？......131
40. 平播直播自然推荐占比低是什么原因？......131
41. 抖音流量池到底是什么概念？......131
42. 不同的账号所处的流量等级也不同吗？......132
43. 如何提升账号权重？......132
44. 账号权重高的好处有哪些？......132
45. 平常账号稳定的在线人数最近突然骤降是什么情况？......133
46. 为什么开播的时候在线人数很高，随着直播时长越往后在线人数越少？......133
47. 投放小店随心推未消耗是什么原因？......133
48. 同城流量有什么特点？......133

49. 千川投放计划的三大阶段 133
50. 为什么账号开播没有自然推荐流量？.................................. 134
51. 直播场观人数始终不突破怎么办？.................................... 134
52. 启用长时间不开播的账号还会有自然流量吗？.................... 135
53. 哪些因素会导致直播间留不住人？.................................... 135
54. 如何提高直播间销售转化率？.. 136
55. 如何提高直播推荐流量？.. 136
56. 直播间流量的内部逻辑是什么？.. 136
57. 流速是什么意思？... 136
58. 如何提高直播间流速？.. 137
59. 直播间流量分析的前提是什么？.. 137
60. 什么样的直播付费占比高？.. 137
61. 如何排查直播付费占比高的问题？.................................... 138
62. 如何提升自然流量的获取能力？.. 138
63. 直播带货的数据漏斗模型.. 138
64. 抖音直播间流量入口... 139
65. 千川投放的 5 个维度... 140
66. 千川投放数据分析的技巧.. 140
67. 千川投放能解决哪些问题？.. 140
68. "用付费流量撬动自然流量"这句话成立吗？..................... 140
69. 新号冷启动失败的原因分析.. 141
70. 巨量千川的 ECPM 排名是什么？...................................... 141
71. 巨量千川投放后系统怎样开展计划？................................ 141
72. 千川冷启动阶段的实操技巧.. 142
73. 千川助力日常平播，提高销量的实操技巧有哪些？........... 142
74. 巨量千川账户覆盖人群不精准的表现有哪些？................. 142
75. 决策千川投放的选品模型.. 143

76. 如何场观破万？...143
77. 新号开播什么时候开始付费投流合适？........................143
78. 直播场观下滑该怎么办？......................................144
79. 一个巨量千川账户可以同时投多个直播间吗？................144
80. 多个巨量千川账户同时投放一个直播间会抢流量吗？........144
81. 如果助力短视频带货，一个千川账户能同时投放多个产品吗？...........144
82. 影响巨量千川的广告排名的重要指标有哪些？................145
83. 巨量引擎、巨量千川、DOU+ 有什么区别？..................145
84. 莱卡定向在不同阶段的作用......................................145
85. 莱卡定向设置技巧..145
86. 起号阶段主推低价品，后期如何提高客单价？................146
87. 开播流量推荐优先级顺序..146
88. 千川起量阶段，投放专业推广（放量+控成本），出价高但投不出去，如何排查原因？..146
89. 如果千川账户跑量稳定，更换落地页影响计划跑量吗？.....147
90. 针对跑量稳定的计划，应该执行老计划继续跑，还是复制计划跑？......147
91. 引流短视频投放 ROI 降低是素材衰退的原因吗？............147
92. 账号违规后已提升信用分，但直播间场观依然不破千，该如何处理？.....147
93. 千川投放学习期，高出价还不消耗，可以使用放量投放吗？................148
94. 千川投放成熟期，直播计划模型稳定了，应该如何扩量？...148
95. 千川投放学习期不通过是什么原因？..........................148
96. 如果同时投放十几个计划，某条计划出价较低会影响整个账户的流量吗？...148
97. 老账号和新账号千川投流计划有差异吗？....................148
98. 新账号如何进行巨量千川投放？...............................149
99. 单品纯投流的方式是否可行？需要注意哪些问题？........149
100. 如果选择放量投放，是否可以赔付？.........................149

8 团队篇
（抖音平台）

1. 直播团队需要具备哪些岗位？ 150
2. 主播团队及分工 150
3. 运营团队及分工 151
4. 其他岗位分工 151
5. 一场直播的具体工作流程包括哪些环节？ 152
6. 直播前的准备工作包括什么内容？ 152
7. 三农带货主播注意事项 152
8. 三农带货助播注意事项 153
9. 如何筛选出有潜质、值得培养的主播？ 153
10. 企业寻找达人带货，需要评估几个维度？ 154
11. 直播间场控的能力要求和岗位职责 154
12. 直播运营岗的岗位职责 155
13. 不同阶段直播团队的类型 155
14. 直播团队在项目起步期应明确的三大要素 155
15. 优秀的直播运营团队注重考核四大能力 156
16. 如何设计运营（操盘手）的薪酬模式？ 156
17. 如何设计主播、助播的薪酬模式？ 156
18. 如何设计助理的薪酬模式？ 156
19. 如何设计数据运营的薪酬模式？ 157
20. 直播带货团队薪资怎样分配才合理？ 157
21. 如何打造有凝聚力、有成长潜力的直播团队？ 157
22. 自己是老板，到底要不要招专业的运营人员，以及直播带货中"运营"的重要性 157
23. 直播带货中运营、场控和中控的职责 158

24. 如何加强全职主播的稳定性，避免突然离职情况的发生？ 158
25. 主播流动性过大是什么原因？ 158
26. 主播成长的 4 个生命阶段 159
27. 主播常见的几个问题 159
28. 主播如何避免直播间带节奏？ 159
29. 主播话术应具备哪些特点？ 160
30. 主播常用互动技巧 160
31. 直播团队如何复盘？ 160
32. 直播团队中，商务 BD 的工作职责是什么？ 161
33. 直播团队对接达人成功率低的原因是什么？ 161
34. 售前阶段，客户服务的工作职责是什么？ 161
35. 直播销售中，客户服务的工作职责是什么？ 162
36. 直播销售后，客户服务的工作职责是什么？ 162
37. 直播带货，客户服务的工作禁忌 162
38. 直播带货主播的考核指标 162
39. 短视频团队的人员构成 163
40. 内容型短视频团队的工作流程 163
41. 带货短视频团队的基本工作流程 163
42. 带货短视频团队的工作分工 164
43. 带货短视频内容的类型 164
44. 优质带货短视频的共性特点 164
45. 爆款视频的创作技巧 165
46. 摄影师剪辑视频的 6 个常规操作 165
47. 如何管理短视频矩阵团队？ 165
48. 本地生活类短视频团队的成员及分工 165
49. 适合本地生活的 3 种短视频团队模式 166
50. 为什么要在短视频团队建立内部过审制度？ 166

9 场景篇
（抖音平台）

1. 直播间三大功能区 167
2. 直播场景搭建必备要素 167
3. 如何搭建高转化直播场景？ 168
4. 直播间场景和场地分为哪些类型？ 168
5. 直播间光源充分，为什么直播场景仍不明亮？ 168
6. 绿幕直播间应注意哪几点？ 168
7. 如何优化直播间场景？ 169
8. 为什么直播场景非常重要？ 169
9. 怎样才能使直播间看起来更高档？ 169
10. 什么是直播间的前景、中景、背景？ 170
11. 直播间功能区域划分为几部分？ 170
12. 前景陈列注意事项 171
13. 户外直播场景有什么特点 171
14. 什么是直播间调性？什么是人、货、场匹配度？ 171
15. 如何分配合理的直播用户场景？ 172
16. 如何评价一个好的直播间？ 172
17. 结合直播间空间布局，如何进行景深设计？ 172
18. 直播间的类型 173
19. 什么是虚拟人？ 173
20. 什么是虚拟人+元宇宙直播场景？ 174
21. 虚拟人有哪些类型？ 175
22. 虚拟人直播的优势有哪些？ 175
23. 真人直播和虚拟人直播有什么区别？ 175
24. 直播间场景搭建的色彩原则 176

25. 直播间场景的色彩搭配技巧 176

26. 4 种高转化直播间背景设计风格 176

27. 直播间软装有哪些工具? 177

28. 三农直播间场景设计的 4 个维度 178

29. 如何提高进入直播间的点击率? 178

30. 常见的三农直播间类型 178

31. 容易被封禁的 3 种直播间类型 179

32. 什么是直播 PK 场景? 179

33. 拆解直播场景,应从几个维度着手? 180

34. 直播间场景如何解决转化问题? 180

35. 直播间场景搭建之前必须明确的 4 个问题 180

36. 单品三农带货型直播间的场景策略 181

37. 多品三农带货型直播间的场景策略 181

38. 三农知识型直播间的场景策略 182

39. 富贵助农直播间的场景策略 182

40. 娱乐搞笑直播间的场景策略 182

41. 剧情演绎直播间的场景策略 182

42. 艺术展示直播间的场景策略 183

43. 为什么搭建直播间,不建议背景用大白墙? 183

44. 微距直播如何搭建场景? 183

45. 微距直播如何陈列商品? 183

46. 移动式直播的场景如何搭建? 184

47. 为什么带货直播要经常更换场景? 184

48. 在直播间使用背景音乐侵权吗? 184

49. 在直播间里演唱他人歌曲是否造成侵权? 185

50. 为什么还有很多直播间在使用或演唱他人未授权的音乐? 185

1 账号篇
（抖音平台）

1 做短视频和直播为什么要定位？

① 结合自身优势，打造 IP，为内容输出找准方向。

② 有利于呈现精准粉丝画像，为下一步变现打好基础。

③ 有利于平台识别账号，推荐给精准的用户，并有机会推荐上热门。

2 账号定位五步曲（以种植草莓为例）

① 我是谁：我是从事草莓种植的。

② 面对谁：面对家庭主妇和白领人群。

③ 我的价值：我今天提供什么样的产品和服务（如草莓的种类以及草莓的价格）。

④ 我的优势：农业专业背景、从事种植多少年，某品牌官方。

⑤ 惠及消费者：产品能给消费者带来什么好处（健康、实惠、多品种）。

3 账号主页五件套

① 背景图：是账号的核心窗口、个人或企业的名片，可以展示账号人设、产品的生产、生活大环境、企业logo、产品特色等，简单反映出账号定位。

② 头像：个人号最好是真人出镜，清晰简约；蓝 V 号可以是品牌或公司的 logo。

③ 昵称：地域标签 + 行业标签 + 简单易记的昵称。

④ 简介：简单明确账号的定位方向，告诉粉丝能做什么，并提供什么价值。

⑤ 作品区：保持一致的拍摄风格、作品封面、标题风格。

4 账号权重包括哪些方面？

① 个人权重：个人资料必须填写完整。

② 诚信权重：账号注册后根据需求实名。

③ 作品权重：内容为王，根据赛道定期输出有温度、有价值的作品。

④ 系统权重：绑定"头条""西瓜""火山"等多平台。

⑤ 区域权重：定位同城，增加区域权重。

⑥ 热门权重：参与热门音乐和热门话题。

⑦ 参与权重：评论及关注官方任务。

⑧ 消费权重：尽量在抖音消费，增加权重。

5 抖音封面四件套设置要求是什么？

① 昵称：简洁好记，识别度高，包含属性标签，如：袁家村粉条姐、不二旅行、陕北少安哥、甘肃胖娃娃在助农。

② 头像：尽量用真人头像+产品或职业场景，企业可用企业logo背景图显示账号人设、产品的生产、生活大环境、企业logo、产品展示。

③ 简介：明确价值、优势，展示信任背书，建立链接和联系。

④ 封面图：突出账号所处的大环境，例如秦岭深处、西域高原。

6 抖音账号封面四件套可以随意修改更换吗？

可以修改更换。但是每日有更改次数限制，频繁更改会影响抖音账号的权重与系统对账号标签的识别，造成抖音限流。

7 抖音普通账号和蓝V账号有什么区别？

普通账号通过个人手机号就可以申请，添加身份证信息完成实名认证；蓝V账号适用于企业，需营业执认证，费用为600元，1年1审。普通账号适合基于个人IP的达人营销，蓝V账号适合企业通过抖音账号做营销。

从流量角度来说，新号阶段都是200~500人的基础流量。

8 如何对账号做定位？

① 投其所好：根据你所预期的粉丝画像，迎合粉丝群体的喜好，选取短视频内容题材并植入产品。

② 参考同行：寻找行业内定位接近的账号进行对标分析，参考同行内容赛道的拍摄风格和文案风格，找出最适合的账号定位。

③ 分析自己：结合自有资源和优势，根据想要为粉丝传达的信息，如生态有机、一手货源、价格优势、技术优势等，给粉丝一个选择关注的理由。

9 什么是账号标签？

抖音账号标签是抖音给账号分类的标识，标签可以帮助抖音对账号进行分类，把账号归类到某个垂直细分领域，明确账号是做什么内容的，并按照标签把账号推送给精准的用户。

10 抖音账号标签的类型有哪些？

内容标签：三农类的内容标签可以细分为农村美食、农村生活、农村旅游、农技知识、农产品种植与农副产品生产加工等。

兴趣标签：判断用户的偏好、兴趣，结合用户行为轨迹（浏览、点赞、评论、转发、收藏、停留时长等），为用户标注兴趣标签。抖音使用越少的用户，兴趣标签越不精准。

11 抖音短视频流量层级是什么？

①初始流量池：200~500人（正常）。

②千人流量池：3000人以上（垂直）。

③万人流量池：1万人以上（1人人工审核）。

④初级流量池：10万人以上（3人人工审核）。

⑤中级流量池：20万人以上。

⑥高级流量池：100万人以上。

⑦热门流量池：500万人以上。

⑧全站推荐：1000万人以上（爆款热门）。

12 旧账号注销后多久才能在新账号进行实名认证？

注销抖音号7天后，才可以用新号重新绑定身份证，因此做好账号定位和开播准备后，再去绑定身份证进行实名认证。

13 抖音如何进行实名认证？

将抖音升级至最新版本后，在"我"→"≡"→"设置"→"账号与安全"→"实名认证"处进行认证。实名认证是开通直播和启用电商功能的必要操作，也是获得用户信任的必要操作。

14 抖音如何进行官方认证？

个人认证：在抖音App内"账号与安全"→"申请官方认证"→"个人认证"→"职业认证/优质创作者"处进行认证。提交佐证，认证后不可修改。

组织认证：在抖音App内"账号与安全"→"申请官方认证"→"组织认证"→"企业认证（企业、个体户）/机构"（国家机构、媒体、高校）处进行认证。上传营业执照、企业身份验证、付费资质审核，认证后不可修改。

经营角色认证：在抖音App内"账号与安全"→"申请官方认证"→"经营角色认证"→"电商优质作者"（个人、机构）处进行认证。此类认证必须是非企业蓝V或机构蓝V，认证后不可修改。

15 抖音账号的认证操作是否有必要？

① 如果仅是用户用来刷视频娱乐，就不必进行实名认证。

② 如果作为个人创作者运营账号，那么进行实名认证可以保护账号

安全。同时只有实名认证的账号才可以开直播、开通电商功能。

③ 如果作为企业运营企业账号,那么进行官方认证就可以增加账号的可信度,便于企业打广告。

16 企业认证出现问题怎么办?

企业认证问题请关注企业号小助手(抖音ID:626017402,图1-1)进行私信留言咨询,工作人员收到后会尽快进行回复。

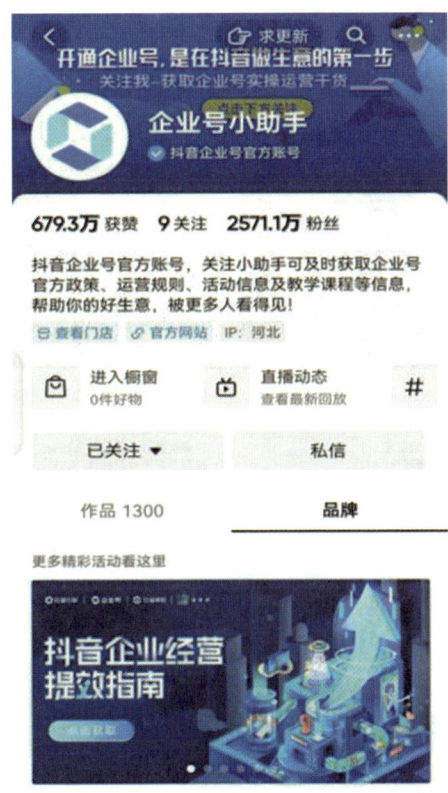

图1-1 企业号小助手界面

17 一个人可以实名认证多少个抖音号?

一张身份证只能实名认证一个抖音号,支持解绑和换绑,只有注销旧账号才可以释放身份证去实名认证新账号,被封的账号不支持注销,只能先申诉。

18 抖音账号蓝 V 认证的有效期和收费情况如何？

蓝 V 认证的有效期为 1 年，认证费用为 600 元，认证失败时费用不退。

19 如何查看自己的账号是否打上标签？

① 抖音搜索"创作灵感"，搜索到的话题与账号定位相关联，说明自己的账号已打标签。

② 用其他账号查看待查账号主页。点击"私信"按钮右边的三角形，会出现一些账号，如果这些推荐账号与待查账号相似，说明已打标签（图1-2）。

图 1-2　待查账号主页

20 如何检测自己的账号是否违规？

操作步骤：点击"我"→"≡"→"设置"→"反馈与帮助"→"自助服务"→"账号状态检测"→"开始检测"就可以看到检测结果了（图1-3）。

1　账号篇（抖音平台）

图1-3　账号检测界面

21 如何注销抖音账号？

具体操作方法和步骤如下：

打开抖音，点击"我"→"☰"→"设置"→"账号与安全"→"注销账号"→勾选"我已阅读并同意《抖音注销须知》"→"下一步"→再次勾选"我已阅读并同意《抖音注销须知》"→"确认注销"，完成注销后不能恢复。

22 同一作品可以在同一账号重复发布吗？

可以。但是最好间隔一段时间，重新剪辑和更换音乐、调整文案。

23 账号内容调整，能否批量删除旧作品？

不要批量删除，建议逐步隐藏视频，方便以后对视频账号进行分析。

隐藏视频：点击进入待隐藏视频界面，在右下方点击"权限设置"，选择"私密"→"仅自己可见"。

24 什么是矩阵账号？矩阵账号怎么做？

账号矩阵，不是把相同的视频在其他账号进行发布；电商矩阵号，主要表现为同品牌、同产品的不同人设在不同账号的输出。

矩阵号分为企业矩阵号与个人IP矩阵号，例如："东方甄选""东方甄选自营产品""东方甄选美丽生活"是企业矩阵账号，"张琦老师""张琦商业教育""张琦课堂"是个人矩阵账号。

25 矩阵账号分为哪些类型？

① 同名同领域。例如：抖音上有多个关于"张琦+商业"的分享账号，如"张琦商业教育""张琦老师""张琦新商业""张琦商业思维"等。

② 相同的名称和不同领域。例如："东方甄选""东方甄选之图书""东方甄选将进酒""东方甄选看世界""东方甄选美丽生活"等。

③ 同一机构产品。例如："西域美农李春望""西域美农旗舰店""西

域美农三姐"等。

26 账号矩阵对品牌有什么贡献？

① 矩阵账号能指数级增加品牌曝光度。
② 借助品牌的影响力为品牌积累多元粉丝。
③ 通过账号矩阵为品牌吸附流量。
④ 每个账号的价值都成为品牌的无形资产，实现价值的最大化。

27 如何搭建矩阵账号？

① 一个母账号爆火带动对应子账号，子账号在母账号品牌背书下成长，所有账号都服务于品牌。例如："张兰俏生活""张兰之箨玥甄选"等相关账号。

② 企业账号与个人账号相互带动。例如："西域美农李春望""西域美农旗舰店""西域美农三姐"等账号。

③ 扩散式矩阵账号。例如："麻六记官方旗舰店""麻六记食品专营店""麻六记酸辣粉"等账号。

28 矩阵账号短视频发布时如何相互引流？

① 作品发布时，利用标题互动或@对方。
② 借助评论区互动或@对方。
③ 利用账号封面的简介区域、头像、封面图、昵称等来体现矩阵母子账号的关系。
④ 母账号发布时，子账号二次剪辑转发。

29 为什么要打造矩阵账号？

① 充分发挥品牌的多元效应。回顾传统品牌战略营销，当品牌具有知名度时，进行多元业务发展是一种发展趋势。例如，小米从手机业务专家扩展至小家电、文具办公等多品类产品的发展模式。抖音电商领域

也同样应用品牌战略营销逻辑。例如，东方甄选直播间爆火之后，打造了包括"东方甄选之图书""东方甄选将进酒""东方甄选看世界""东方甄选美丽生活"等多个矩阵账号。

②获取更多的流量。一个账户和多个账户的曝光效果存在很大差距。当用户搜索"东方甄选"时，系统会自动呈现所有矩阵账号供用户选择。企业所获取的流量具有明显的优势。

③从降低账号运营风险的角度看，只运营一个账号，如果账号涉及重大违规行为，企业前期的投入就将付诸东流；如果企业打造矩阵账号，某个账号的违规行为对企业抖音布局的影响就将大大降低。

30 矩阵号直播如何相互导流？

①发布预告视频，通过视频文案、评论文案@矩阵小号。

②主页关注，仅关注矩阵小号。

③直播间设矩阵小号为"管理"，管理公屏。

④直播间上榜，矩阵小号给大号礼物占榜。

⑤直播连麦、PK。

31 如何提高账号的转粉率？

①为用户提供情绪价值：农村搞笑、留守老人、三农不易、农村婆媳故事等。

②为用户展现向往的场景：农村豪宅、霸气农场、田园生活、天人合一等。

③为用户提供独特见解：制造话题、提供谈资等。

④为用户提供知识价值：育儿知识、生活窍门、三农知识分享等。

32 抖音账号内容创作的基本原则

①3秒吸睛原则：普通抖音账号短视频前3秒如果不吸睛，粉丝很难继续观看，获得自然推流的可能性就不大。

② 内容原则：内容与标签吻合，作品内容贴近热点，可以蹭热点流量。

③ 内容聚焦，话题性强：内容垂直聚焦，话题有槽点，吸引粉丝互动。

33 账号内容如何赋予用户情绪价值？

① 制造情绪的冲突 + 要有争议引出评论。例如："辛吉飞"账号通过"科技与狠活"展示食品加工领域的安全隐患，制造情绪冲突，引发粉丝关注食品安全与用户评论。

② 引起情感共鸣 + 引发互动评论。例如："三根葱"账号，通过引起情感共鸣，引发用户评论，话题性很强。

34 账号热点内容的主要类型有哪些？

① 时事型热点：包括社会、民生等事件所引发的热点。爆发性强、流量多、创作者响应速度快，作品内容才具备时效性。例如，2020年疫情防控期间，全民居家，抖音"陕西老乔"引发全国人民做凉皮的热点。

② 节点型热点：行业重大节点、节日，如春节、元宵节等，内容切入角度特别，提前策划才能吸引眼球。例如，2023年春节，西安旅游晋升全国热度第一名，有关西安旅游的视频内容都有较大的流量扶持。

③ 平台型热点：平台举办的活动、热门BGM、KOL发起的挑战等。

35 叫好不叫座的抖音账号有哪些类型？

① 内容和产品关联性不强。

② 账号内容没有突出产品卖点。

③ 账号缺乏持续的产品教育，有些账号缺乏对产品的介绍，导致客户对产品了解不足，因此缺乏复购可能。

④ 缺乏用户信任。例如，以无厘头的搞笑作为账号内容，粉丝侧重娱乐，对账号人设缺乏信任。

⑤ 从内容到变现的路径太长。卖农产品的账号讲人生哲理，作为素人主播，变现难度大。

36 账号起步阶段运营的重点是什么？

① 账号定位。

② 内容策划。

③ 热门技巧。

④ 数据分析。

37 账号成长阶段运营的重点是什么？

账号成长阶段运营的重点是内容创作：

① 逆向思维：在同质化内容中运用逆向思维，表达独特观点。

② 学会挖掘素材灵感：参考数据，迎合用户偏好，挖掘灵感。

③ 深耕脚本策划：紧扣主题＋黄金3秒＋循序渐进＋引导互动，短视频拍摄做到胸有成竹、有的放矢。

38 账号成熟阶段的变现渠道有哪些？

① 星图广告：针对10万粉以上账号，可对视频报价，感兴趣的客户发布广告任务。

② 短视频橱窗带货：个人账号只需添加自家和别家商品带货变现，要求视频内容与商品强相关。

③ 直播变现：包括直播打赏，直播带货。

④ 门店引流：在一定区域发布与线下店面产品、服务相关的视频，把用户引流到门店消费。

39 账号品宣阶段运营的重点是什么？

很多企业账号通过打造爆品，完成账号的粉丝积累。后期企业账号不仅可以变现，还是企业重要的品宣渠道。三农企业账号，利用账号宣传企业文化、价值观和品牌宣传。例如"西域美农"：甄选原产地，无添加的好味道。

40 怎样判断抖音账号有无标签?

① 播放量始终徘徊在200~500，无标签。

② 粉丝人群不精准，无标签。比如关注、互动人群模糊，无规律。

③ 账号点赞、评论互动量少，无标签。

41 如何快速给账号打标签?

① 持续输出：账号状态正常的情况下，持续保持垂直输出，30天左右就可以打上账号标签。

② 爆款视频：打造爆款视频，上热门即完成给账号打标签。

③ 投DOU+：对标相似达人投DOU+，快速推荐给目标用户，完成给账号打标签。

④ 刷视频：大量刷同领域视频，通过互动参与，快速打标签。

42 没有运营经验、作品内容分散的抖音账号，后期还值得打造吗?

如果监测账号状态正常，可以尝试打造。具体操作如下：

① 隐藏之前所有不垂直的作品。

② 按照上述方法快速给账号打标签。

③ 持续发布垂直视频，30天后数据仍未有太大变化，则考虑放弃该账号。

43 抖音限流的表现形式有哪些?

① 账号内容仅粉丝可见。

② 账号内容仅自己可见。

③ 账号无法发布内容。

44 如何排查账号被限流?

① 短视频播放量长时间无法破百。

②用其他账号点击视频，显示为"审核中"，说明作品被限流。

③视频播放量远低于平均水平，可能是被限流了。

④收到平台违规警告或通知，先核查内容，如果未发现违规元素可尝试申诉。

45 账号降权有几种方式？

①仅粉丝可见，未关注人群看不到。

②仅作者本人主页可见。

③视频被删除，收到处罚通知。

④封禁连续违规的账号。

⑤严重的违规情况可能导致账号被清除。

46 账号被降权或限流，该怎么挽救？

①检查历史作品有违规全部删除。

②减少作品发布频率，作品不要有广告嫌疑。

③刷同领域短视频，参与互动，发优质评论。

④与同类账号主播互动，给账号重新打标签。

⑤注销旧账号，注册新账号。

47 什么样的老账号没有维护价值？

①账号有过重大违规行为。

②把抖音账号当成朋友圈，随手拍随便发，含有明显广告引流、营销意图等。

③批量删除作品，取消关注和点赞。

④作品发布超过40个，粉丝低于60个。

48 养号期间可以给账号刷量买粉吗？

不可以。抖音严厉打击第三方刷数据、增粉。

官方渠道可以正常买，但不建议养号期间买粉。养号期间应把账号运营扎实、定位精准，培养高质量内容创作能力。

49 为什么有人随便发，作品就上热门了？

① 明星、达人、网红的账号有数百万甚至千万粉丝，作品投放后平台基础流量扶持比一般的素人账号有优势。

② 普通账号随便发视频上热门，是因为视频内容贴近热点或内容形式新颖等。

③ 能持续爆火的账号，肯定离不开专业团队支持。例如："王大姐来了"（3位农村大妈的说唱秀）。

50 抖音账号的网络环境

① 移动数据 5G 网络是最佳的。

② 可以用家庭 Wi-Fi，但是不要超过 5 个账号使用这个 Wi-Fi 网络。

③ 如果是用公司 Wi-Fi，会影响后续推荐。

51 直播贴片有哪些类型？

① 基础信息贴片：提升直播体验，内容主要是主播信息、直播预告等。

② 产品卖点贴片：吸引用户停留，如上新产品、秒杀商品、技术升级、加量不加价等。

③ 优惠福利贴片：刺激用户下单，强化购买转化，如直播间优惠券、红包。

④ 氛围烘托贴片：渲染直播氛围，如呈现节日氛围、主题氛围等元素。

52 关于账号的 10 个谣言

① 不同时间段发布视频流量差异很大。

② 一段时间不发视频，再发视频时流量会被限制。

③ 账号自身视频流量与账号活跃时间有关。

④ 一天发布视频不能超过 3 个，否则会限流。

⑤ 视频发布2遍以上更容易火。

⑥ 视频播放量增长时不能删除评论。

⑦ 发布作品后，在评论区和粉丝多互动流量会更大。

⑧ 抖音对大的账号有打压，粉丝越多，流量越容易受限。

⑨ 可以刷量或刷赞来让自己的视频尽快由现在的流量池进入下一个更大的流量池。

⑩ 企业号比个人账号流量更大。

2 操作篇
（抖音平台）

1 如何进行开播操作？

手机端：点"+"号，点"开直播"去开播。没有实名认证的，须先实名认证。个人号主播要和认证人员信息相符，企业号则不需要。如果个人号认证主播与认证人员信息不相符，直接升级成为企业号就行了。

电脑端（电脑开播须满足1000个粉丝）：电脑桌面打开抖音直播伴侣软件，并进行下列操作：

①点击"抖音"登录，弹出二维码。用手机端已登录的抖音号，进行手机扫码登录，作为电脑端直播的抖音账号（图2-1）。

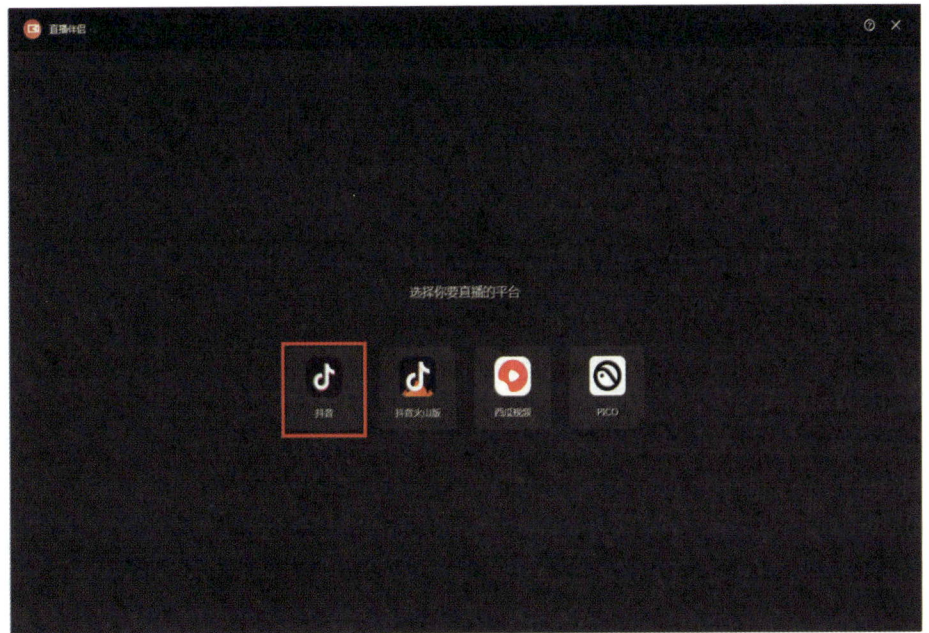

图2-1 电脑端直播伴侣登录界面

②调整画面,一般选择竖屏。点击界面左上角的"横屏""竖屏"进行选择。

③点击画面中间的"+"或左边的"+添加素材"。可选择"摄像头""图片""采集"等。

④顶部设置直播封面、直播标题、直播内容、直播间介绍。

⑤画面调整完毕后,点击右下角的"开始直播"。

2 直播封面如何设置?

① 直播封面是展现在直播广场和同城分享页,所以好的封面可以提高曝光率,提高点击率,使用户进入直播间。

② 封面图片选择要和直播间内容相关联,匹配度高,不然会误导用户进入,快进快出,导致跳失率增高,影响直播数据。

③封面图片不能违规,服装不能性感裸露,活动类不可以有虚假宣传的文字等,正常展现人、货、场就可以了。

3 直播标题怎么设置?

标题在哪里出现呢?——在直播推荐,用户所看到的画面的左下角。用户刷到直播间,好的标题会提高点击率,增加进入直播间的人数。

标题分为:内容型、营销型、诱导型。

① 内容型:"年货节好礼上线""薅个羊毛直播间"。

② 营销型:"9.9 米秒杀中""苹果手机抽奖中"。

③ 诱导型:"10000 人正在抢购中……""你的好友正在参与……"

4 直播内容怎么设置?

直播内容是直播间的分类标签,话题标签有助于系统推送精准粉丝。

一般结构内容:类目词 + 活动、修饰词 + 类目词,如海南小番薯上新、富平柿饼上市。

5 同城开关怎么设置？

打开同城定位，直播间就会推送给同城，获得同城流量。

卖货直播间，一般需要把同城关闭，因为同城流量来源不精准，交友粉丝居多，不精准不匹配，快进快出，影响直播间数据。

娱乐直播间，建议把同城打开。

6 直播间介绍

开播前点击设置，或者开播过程中点击右下角的"…"也可以设置。

直播介绍：就是每位进入直播间的关注，都会在左下角看见。一般写直播活动、直播优化、直播内容都可以，让用户一目了然，知道直播间在干什么。

7 如何查看账号是否违规了？

方法1：打开手机版抖音，点击"我"→界面右上角"≡"→"设置"→"账号与安全"→"抖音安全中心"，账号会进行自检测（图2-2）。

图2-2 抖音安全中心

方法2：打开手机版抖音，点击"我"→界面右上角"≡"→"抖音创作者中心"→"账号检测"（图2-3）。

图2-3 账号状态检测

8 不想让别人下载视频怎么办？

在抖音手机版界面下，点击右下角"我"→"作品"，点击需要设置的作品并进入，点击右下角"权限设置"→"高级设置"→关闭"允许下载"。

9 直播预告贴纸怎么设置？

在抖音手机端，点击下方"+"→"开直播"→"更多"→"设置"→"直播预告"→"启用直播预告，选择开播时间"→"同步最近一次预告到作品"，选择要增加直播预告贴纸的短视频即可。用户刷到视频以后只需要点击贴纸上的"想看"，就会自动生成直播预约收到开播提醒。

10 如何隐藏或展示主页的"关注"和"喜欢"列表?

打开抖音手机版,点击"我"→界面右上角"≡"→"设置"→"隐私设置"→"关注和粉丝列表",这里有2个选项:"公开可见"或"私密"。

11 如何建粉丝群?

"我"→"≡"→"创作者服务中心"→"全部"→"主播中心"→"更多功能"→"粉丝群"→"立刻创建粉丝群"(图2-4)。

选择"群管理",可以选择"进群门槛"→"无要求",使粉丝能顺利加群。

12 抖音粉丝群怎么设置?有什么用?

直播视频可以发布快速通知,有任何新作品、新动态,第一时间系统自动通知粉丝。

设置粉丝进群门槛,可以自由设置进群条件,如粉丝团等级,让粉丝群成员成为核心粉丝(图2-5)。

重要信息群公告通知,防止粉丝错过重要的事情,可使用公告墙通知。群内支持各种活动玩法、红包玩法。

13 如何开通小店?

注册登录网站:小店后台 https://fxg.jinritemai.com/,选择入驻方向、开店主体、店铺类型,开店主体可选企业(公司)、个体工商户、个人身份等3种。

企业(公司)、个体工商户需营业执照及法人身份证,个人则需身份证。

资质文件:特殊类目,需要相关文件资料及资质,在"抖音电商学习中心"查看"招商入驻标准"。

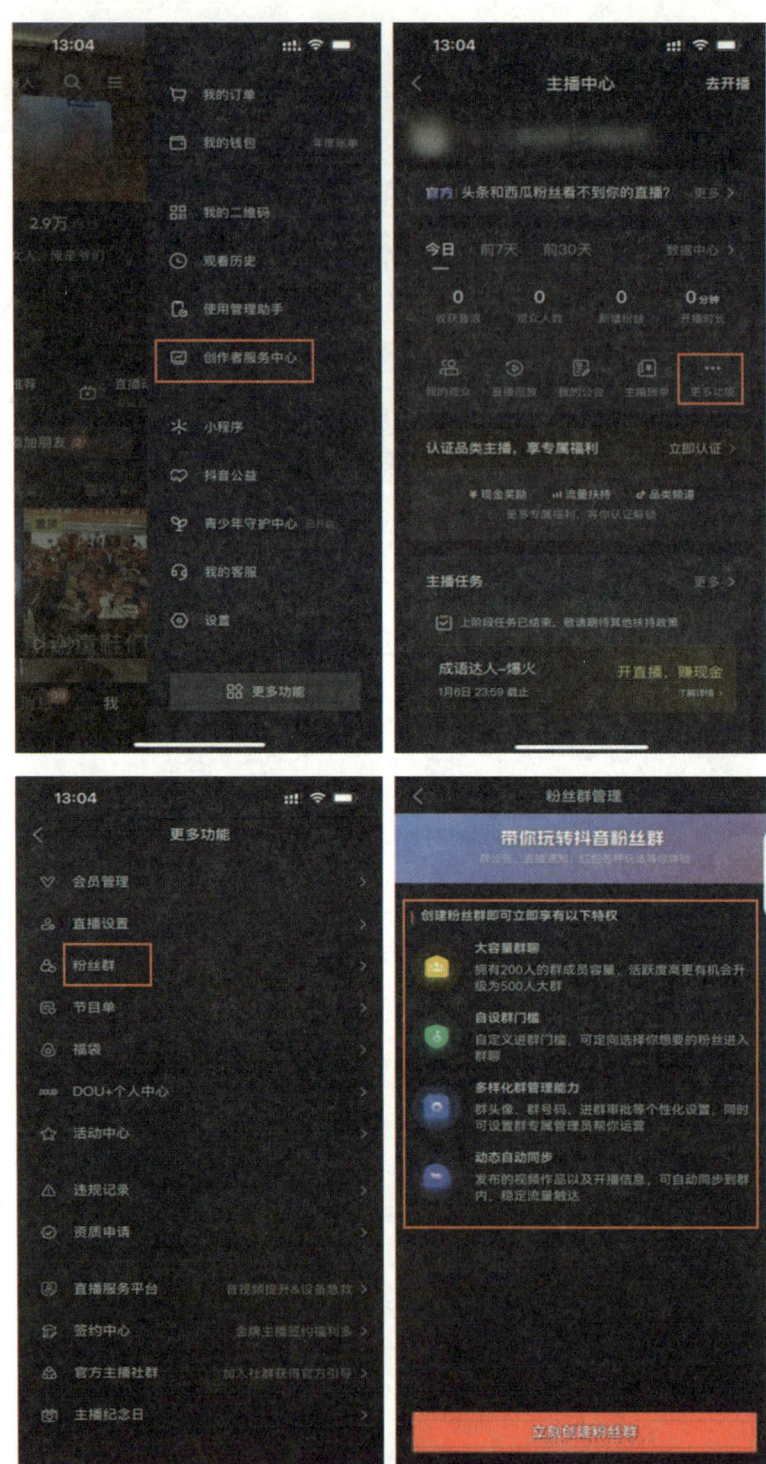

图 2-4　建立粉丝群界面

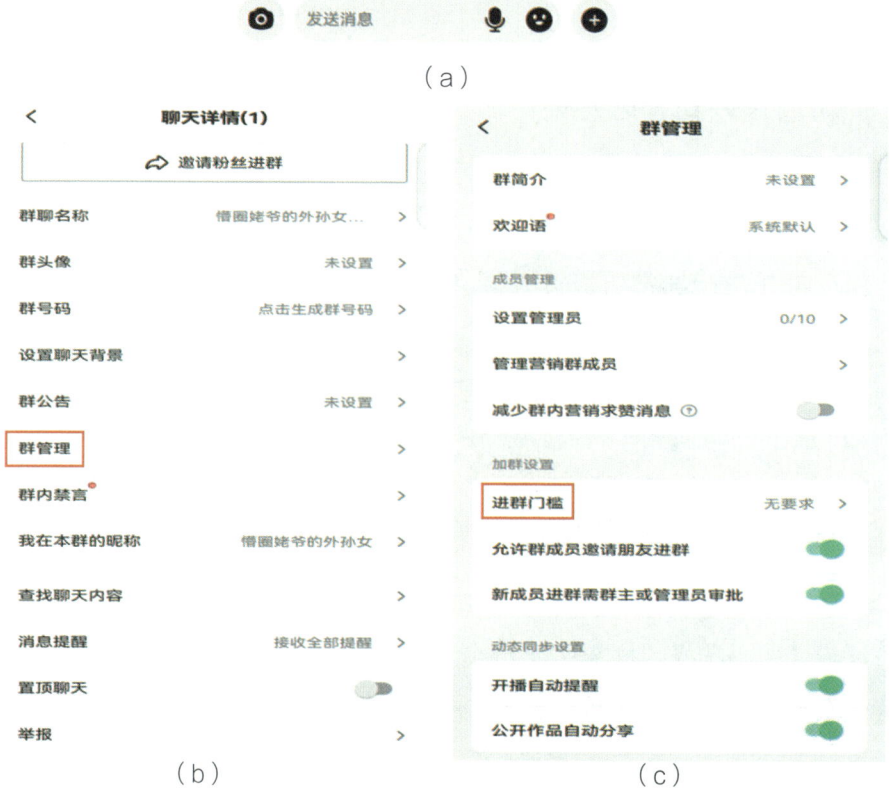

图 2-5 粉丝群设置界面

企业/公司：提交资料（约30分钟）→账户验证（约1~3个工作日）→平台审核（约1~3个工作日）→缴纳保证金（约10分钟）。

个体工商户：提交资料→缴纳保证金→平台审核。

个人：平台审核→提交资料。

开店成功。

14 小店开通后，需要设置哪些选项？

运费险：点击商家保障中心，店铺前期要开通运费险，后期可选择关掉。

极速退：前期开通极速退，后期也可以选择性关闭。

账号绑定：绑定官方账号、渠道号，并签署合同协议。

精选联盟：小店商品一定要全都加到精选联盟内，根据产品特点、利润设置常态佣金比例（建议为20%以上）。

15 小店开通以后怎么绑定店铺官方抖音账号？绑定店铺官方抖音账号有什么好处？

"抖店"→"店铺"→"店铺官方账号管理"→"去绑定"，然后绑定官方抖音账号。

小店开通后绑定店铺官方抖音账号，即使账号0粉丝也可以开通商品橱窗，还可免费进行企业蓝V账号认证。官方抖音账号如果有粉丝，可以把小店的商品挂在店铺官方抖音账号的商品橱窗，反向给小店引流。

16 如何设置抖音后台的支付方式？

进入抖音后台→"店铺"→"店铺管理"→"店铺设置"→"支付方式设置"→选择"抖音支付/微信支付/支付宝/聚合账户"（必须开通聚合账户，才能开通其他收款方式，可多选，图2-6）。

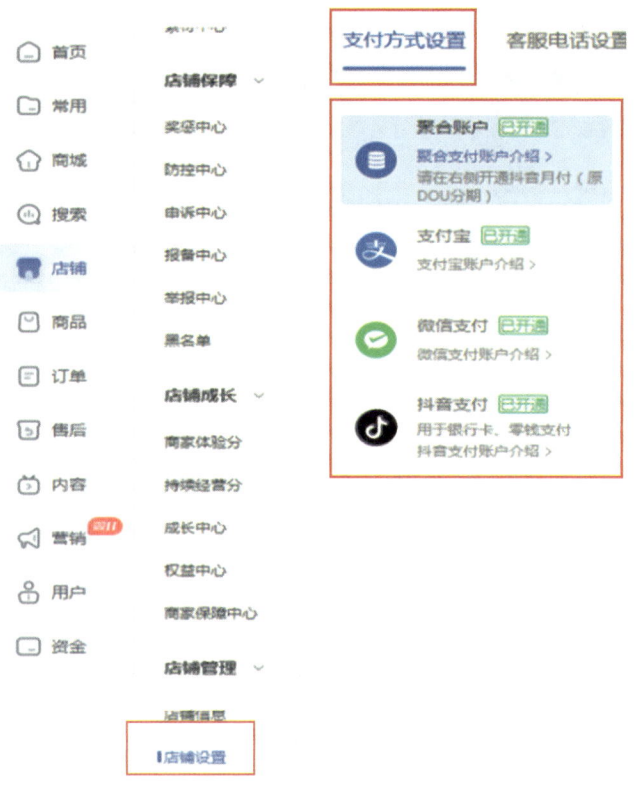

图 2-6　抖音后台支付方式设置界面

17 如何设置抖音小店的客服电话？

进入抖店后台→"店铺"→"店铺管理"→"店铺设置"→"客服电话设置"。

18 如何新建抖音小店的运费模板？

新开抖音小店的运费模块，只有一个全国包邮的运费模板。如果没有设置运费模板，则偏远地区和一些限制地区的用户下单时，若小店发不出货会面临被处罚的情况。设置运费模块的操作步骤如下：

抖店后台→"店铺"→"订单"→"发货管理"→"物流工具"→"运费模板"→"新建模板"（图 2-7）。

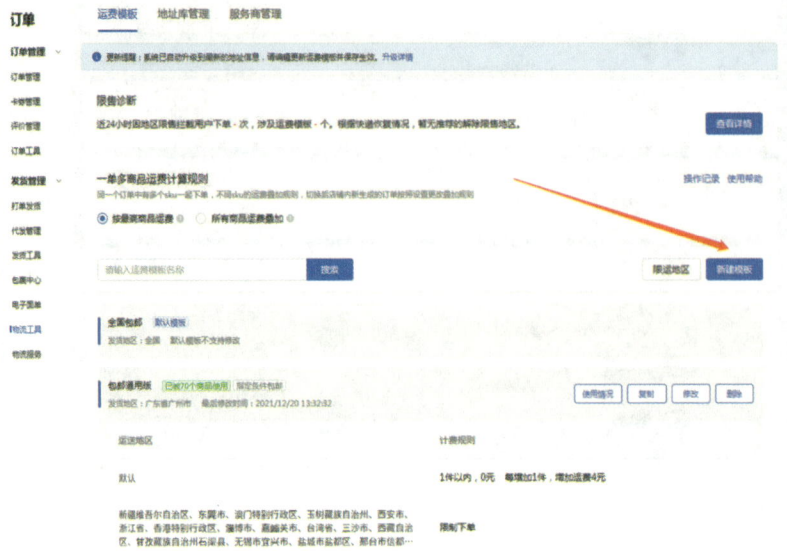

图 2-7 新建运费模板界面

19 如何在抖音小店上架商品？

找到商品创建入口，抖音 PC 端→"商品"→"商品创建"→"选择类目"→"填写标题"→"明确商品属性"→"上传主图和详情页"→"确定发货模式"→"敲定价格库存"→"确定运费模板和售后"→"提交审核"。（图 2-8）

图 2-8 商品信息设置与发布界面

还可以入驻抖音官方供应链平台，以分销商的身份入驻，然后进入"选品广场"选品→"查询、挑选分销品"→"去合作"→"等待审批"。

20 抖音小店上架商品链接的注意事项有哪些？

① 商品至少有1张600dpi×600dpi尺寸的主图，图片大小不超过5M。

② 详情页对商品的介绍要完整、全面，最多支持上传50张，不能只有文字没有图片。

③ 图片上传后，支持在线1∶1比例裁剪，主图视频和白底图为可选项。

④ 如涉及活动，需要清晰体现活动时间和活动方式。

⑤ 同一个商品，可以复制出多个链接：活动链接和备用链接。例如，做活动的时候，上不同链接；直播违规被下架或评分不好时则启用备用链接。

21 小店常用的营销活动有哪些？怎么设置？

（1）优惠券。

① 商品优惠券：限定商品可用。

② 全店通用券：店内所有商品通用；优惠类型分为直减、折扣、满减；可以公开领取，可以在直播间发放，也可给客户单独发放。

（2）限时限量（"秒杀"）。

① 适合场景：希望短时间内销量大幅提升时，可以营造出优惠氛围及稀缺感，有效引导用户快速下单。适合用于直播间即时转化场景。

② 功能亮点：可实现商品在短期活动中的价格变更，无须修改商品原价；支持配合直播间短视频预热，在固定时间开始；商详页及直播间购物袋有倒计时等视觉效果，营造限时促销氛围。

还有满减、拼团、预售等活动，可以在"电商学习中心"查看。

22 精选联盟是什么？怎么开通？

精选联盟是搭建商品和达人交互的平台。

开通方法：点击"商家后台"→"营销中心"→"精选联盟"→点击"立

即开通"，商家即可入驻精选联盟。但需满足以下 3 点：关闭权限次数 <3 次；商家体验分 ≥ 4.0 分；商家必须是正常状态，且符合精选联盟要求。

23 精选联盟中有哪些计划？

① 普通计划：操作简单，适用于大部分的商家，商家设置好佣金之后，达人可以直接选品合作。佣金设置必须 ≥ 1%，若下调佣金，于次日 0 点生效，一次可添加 20 款推广商品。

② 专属计划：商家与达人在商品价格和佣金上面达成特定的合作，仅指定的达人可以进行推广，其他的达人没有权限进行推广。

③ 定向计划：和专属计划相类似，商家和达人达成合作之后，在普通计划里的商品设置好佣金力度，单次最多选择 10 个商品，定向计划支持 0 佣金的设置，佣金范围 0%~80%。

24 小店如何高效上架商品、高效发货？

如果货源是代发或者在其他平台已经上架了的商品，可以在抖店后台"服务市场"使用"搬家上货工具"，只需要把商品在其他平台的链接复制并粘贴，然后稍微修改些参数，就实现批量上架了。发货软件也可以在"服务市场"选择"打单工具"。

25 抖店客服用什么工具？主要注意事项有哪些？

电脑端：飞鸽；手机端：抖店 App。

客服响应时间，是商家店铺体验的考核指标，手机、电脑要设置提示音。设置好自动回复语和快捷短语，可在左侧点击"客服管理"→"工具设置"→"快捷短语"→"机器人设置"。

26 如何设置签收关怀？

客户下单，店铺出单，客户服务进入售后环节，物流、商品评价以及售后服务质量都是影响商家体验分的重要因素。设置签收关怀就是提高售后客户服务的小技巧。具体操作如下：

"抖店后台"→"接待"→"客服管理"→"机器人"→"智能跟单"→打开"签收关怀"。

27 投放小店随心推的步骤是什么？可以投放什么目标？

（1）投放步骤。

选择转化目标→投放时长→选择定向→选择出价方式→设置投放金额→选择支付方式→完成下单。

（2）投放目标。

① 短视频目标：商品购买、粉丝提升、点赞评论。

② 直播目标：进入直播间、直播间商品点击、直播间下单、直播间粉丝提升、直播间评论。

28 抖音直播间的福利任务如何设置？

（1）开通功能。

进入巨量百应→登录（达人身份）→点击"直播管理"→"营销管理"→"直播间福利任务"。

（2）创建活动用户将规范。

选择任务类型→商家/达人（选择平台推荐任务或者自定义搭配任务）→填写"平台推荐任务"（任务名称、活动时间、开始时间、结束时间、红包使用有效时间、每日任务、红包总预算）→提交（福利任务启动后，不支持修改任务和提前结束任务）。

29 账号冷启动阶段，巨量千川投放的基础定向如何选择？

账号冷启动阶段巨量千川投放选择如下（图2-9至图2-11）：

① 投放方式：控成本投放。

② 投放速度：尽快投放。

③ 优化目标：直播间成交。

图 2-9　巨量千川投放设置一

④ 投放时间和投放时段：不限。

⑤ 投放金额预算刚开始建议 200 元。

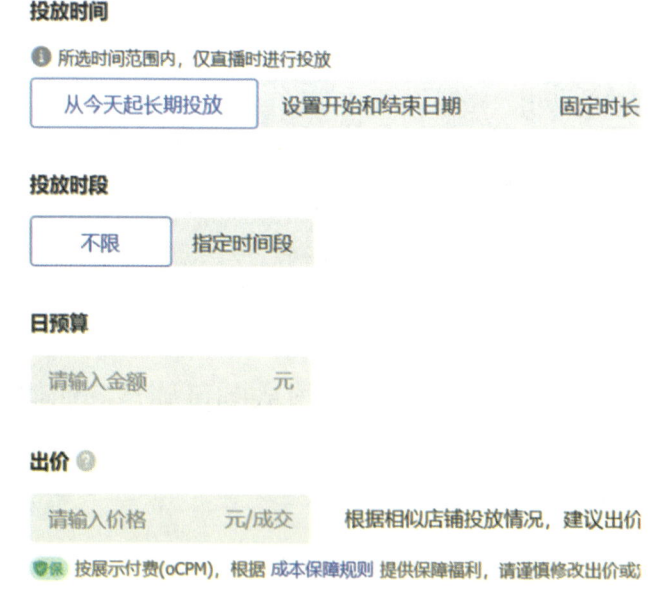

图 2-10　巨量千川投放设置二

⑥ 定向设置：根据产品具体特点及参考账号、直播数据中的粉丝分析，选择地域、性别、年龄等，设置定向人群。

基础定向设置完成后建议不要频繁修改。

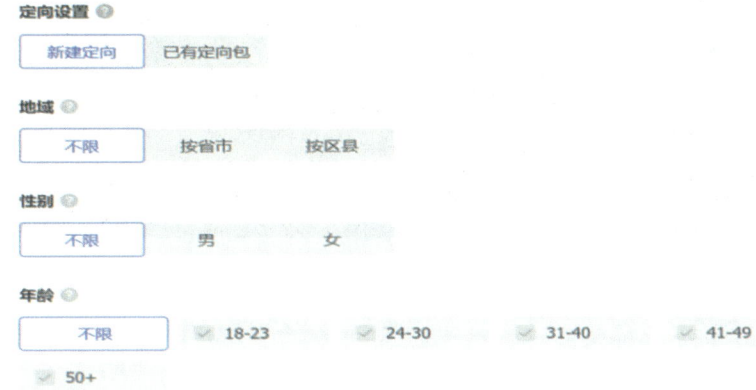

图 2-11 巨量千川投放设置三

30 如何进行千川投放选品？

借助第三方平台，查看产品热销榜，特别关注新爆款、潜力爆款、特殊节点爆款（图 2-12）。

① 新爆款：总销量不高，但是 24 小时之内销量激增（销量 >1000 单），且占总销量比重极大。

② 潜力爆款：总销量不高，比新爆品销量少，但 24 小时之内销量大于 200 单，且占总销量比重较大。

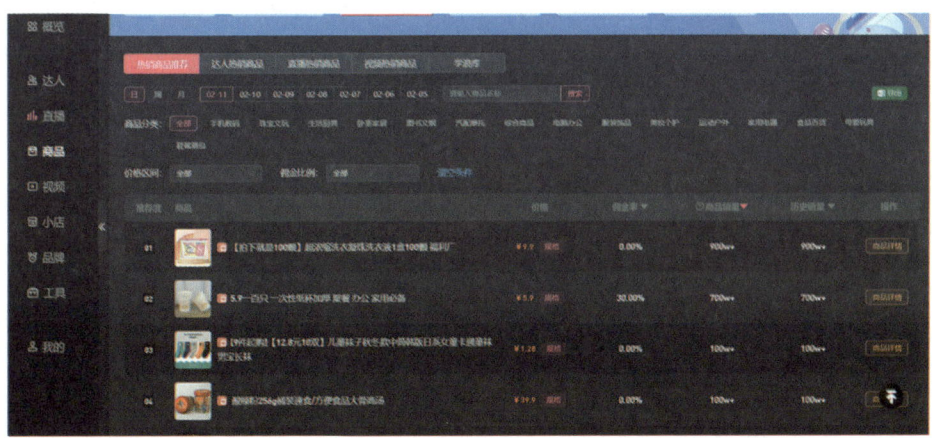

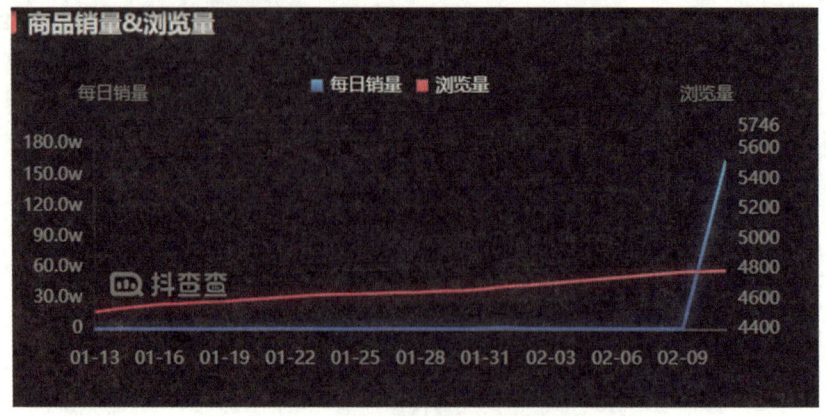

图 2-12 产品热销榜及商品销量

③ 特殊节点爆款：往年某节日或酷暑之际的热销款，第二年很有可能还是热销款。

31 抖音小店商品挂小黄车，在电脑端如何操作？

直播中控台→抖店后台或巨量百应首页→"添加商品"→勾选要挂到小黄车的商品或在搜索框粘贴小店商品链接，最后"确认添加"即可。为更好地转化，需要设置卖点和讲解卡。

32 抖音小店商品挂小黄车，在手机端如何操作？

抖音 App→"+"→"开直播"→"商品"→橱窗商品/小店商品或粘贴小店商品链接→选中商品→确认添加。添加商品的页面设置卖点和讲解卡。

33 如何设置抖音直播间商品卖点和讲解卡？（图 2-13）

设置卖点：点击商品下面的铅笔图标，输入卖点，限制输入 15 个字。

设置讲解卡：直播中，添加商品的界面能看到"讲解"，主播讲商品的同时运营人员点击"讲解"按钮即可。

34 抖音直播贴纸如何设置？

① 手机端操作：抖音 App→"+"→"开直播"→"开始视频直播"→

2 操作篇（抖音平台）

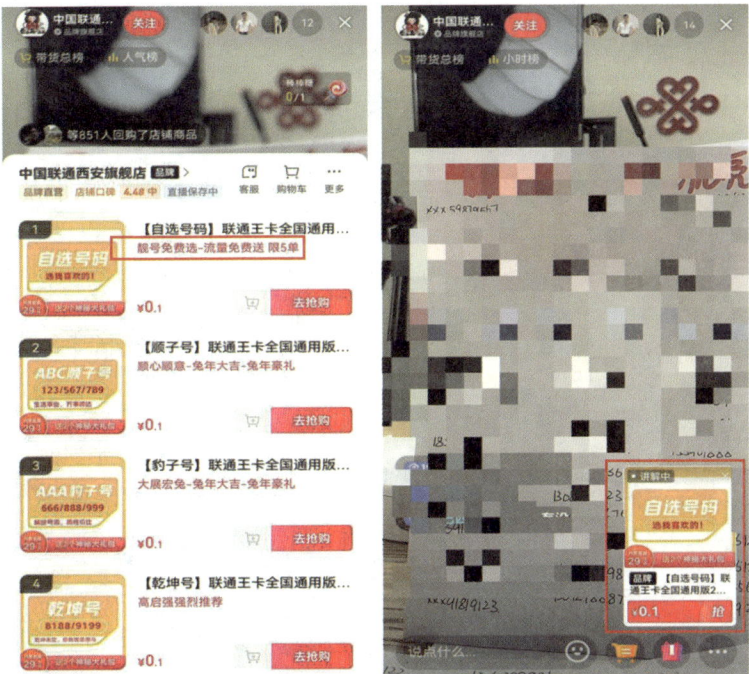

图 2-13 直播间商品卖点和讲解卡的设置

设置→"功能设置"→"装饰美化"→"文字贴纸/图片贴纸"。

② 电脑端操作：直播伴侣→"添加素材"→"图片"→"导入素材"（分图层，可导入多张素材）。贴纸素材建议是商品卖点信息、福袋红包抽奖、优惠福利信息等。

35 抖音直播时，直播伴侣工作流程包含哪些内容？

登录软件→"添加/调整素材"→"调整设置"→"开始直播"→"技术直播"。

36 直播伴侣中如何添加素材？

① 登录软件→"添加素材"→选择需要的素材类型→添加捕获的素材。

② 添加完成→预览区域可看到素材内容→拖动调整素材位置和大小→右击可进行编辑操作（图 2-14）。

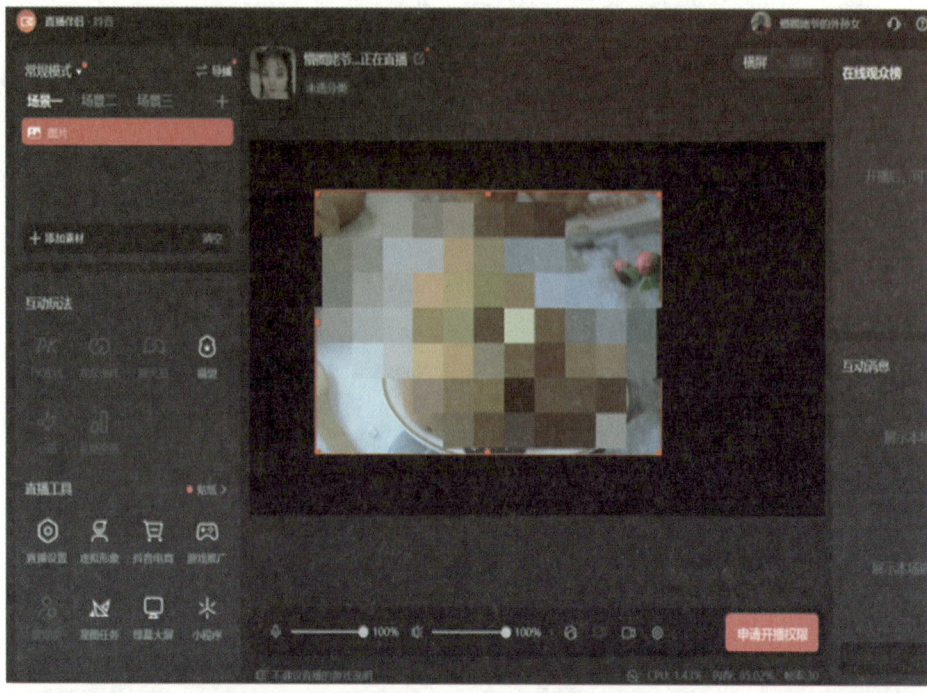

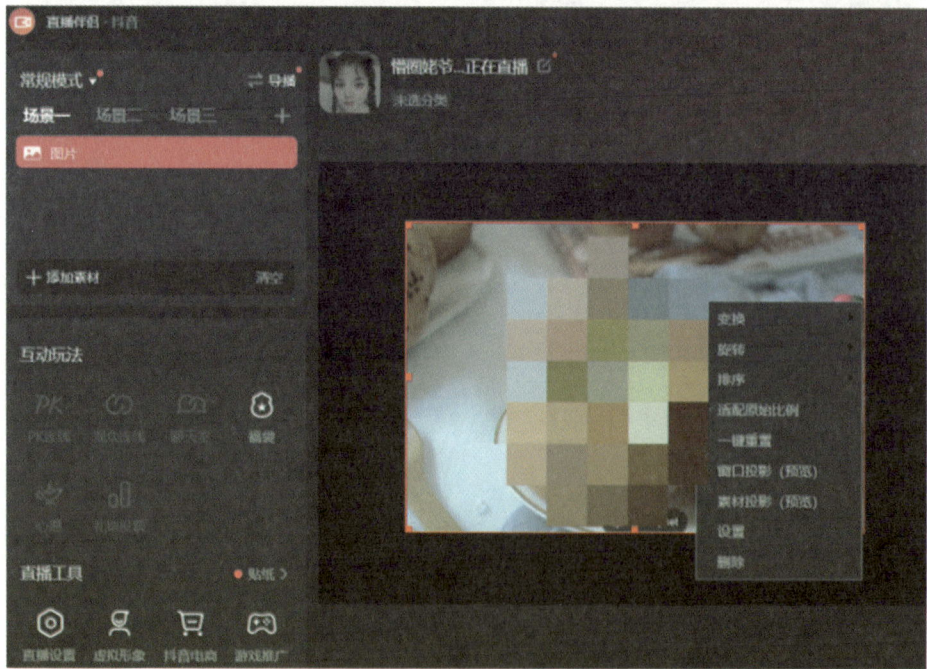

图2-14 预览区调整素材界面

37 直播伴侣如何进行素材管理？

利用直播伴侣，可以管理多个场景，一个场景可以添加多个素材（图2-15）。

鼠标滑过素材列表，出现"设置、删除、显示/隐藏"操作图标。

图 2-15　直播场景设置

38 抖音直播间如何设置福袋？

电脑端操作：直播伴侣→直播工具→福袋→选择发放的福袋→设置福袋的内容→选择发放的对象（图2-16）。

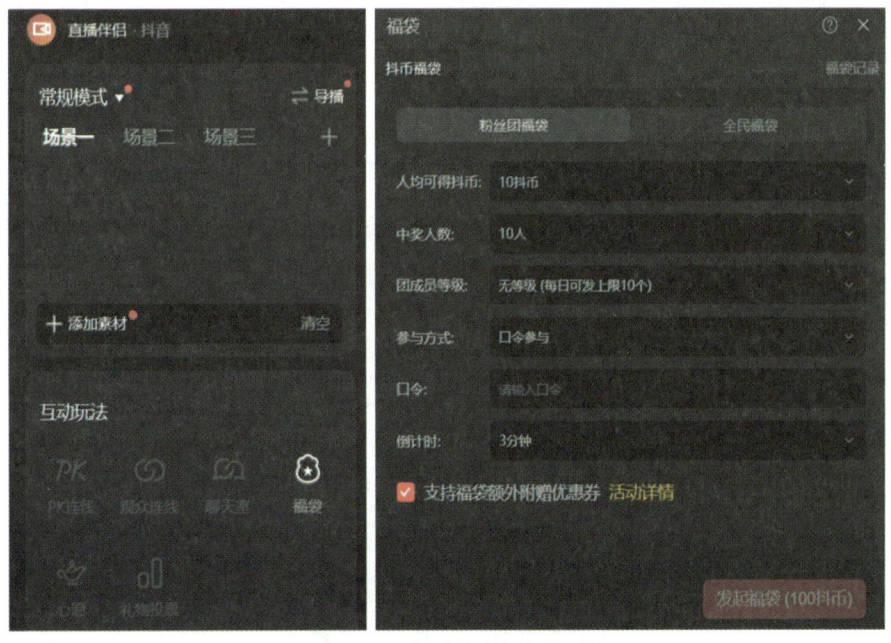

图 2-16　电脑端直播间福袋设置

39 福袋有哪些类型？

福袋包括抖币福袋、实物福袋 2 种：抖币福袋只能发放抖币，实物福袋只能发放实物；抖币福袋默认所有账号都有权限，实物福袋要求账号必须有 10 万以上的粉丝才会自动开通。

40 发放实物福袋要注意什么？

① 实物福袋一定要和奖品描述一致，千万不能挂羊头卖狗肉。

② 福袋发放后，中奖粉丝填写地址 7 日之内，必须发货。

③ 发货后，在福袋记录上传物流单号。

④ 不真实交付实物福袋，平台有权收回福袋权限。

41 直播伴侣如何设置星图任务？

图 2-17　直播工具面板界面

① 开播后在直播工具面板点击"星图任务"图标（图 2-17）。

② 选择任务，点击"确认绑定"进行绑定。

③ 绑定成功→"前往星图中控台"→跳转星图网站（https://livehub.oceanengine.com/）→完成后续组件操作。

42 什么是直播镜头律动效果？如何设置？

对于三农娱乐、搞笑主播来说，在直播时添加镜头律动效果，能让直播内容更丰富，视觉感受更佳。

操作步骤："摄像头设置"→"镜头律动效果"→"律动速度"和"放大比例"（一般设置为 50% 左右。图 2-18）。

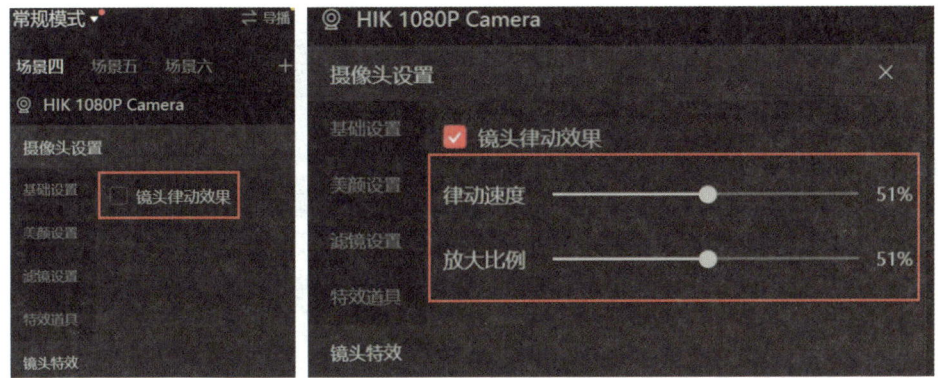

图 2-18 镜头律动效果设置界面

43 直播伴侣如何设置开播？（图 2-19）

点击标题右侧按钮进行开播设置→上传封面→修改标题→打开定位→设置直播内容分类→填写直播间介绍。

注意：无直播封面、内容、简介，无定位将影响推荐。

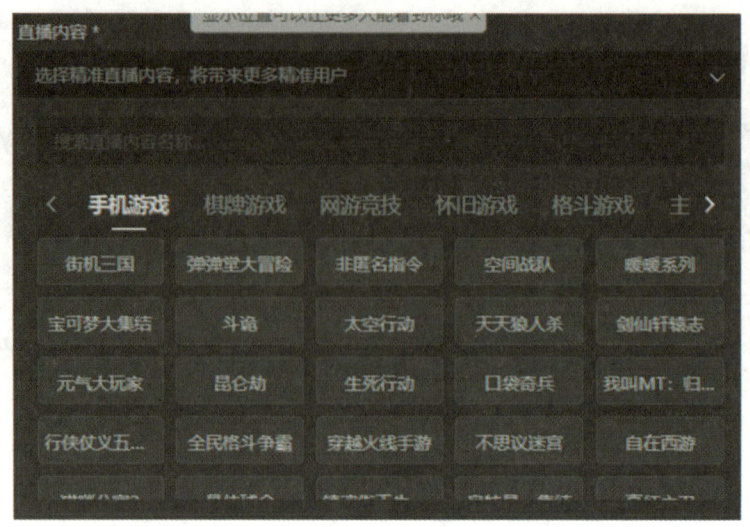

图 2-19 开播设置界面

44 直播伴侣如何设置绿幕人像抠图？

点击"添加素材"→添加摄像头→"摄像头设置"→"背景设置"→"绿幕抠图"→"调节参数"（图 2-20）。

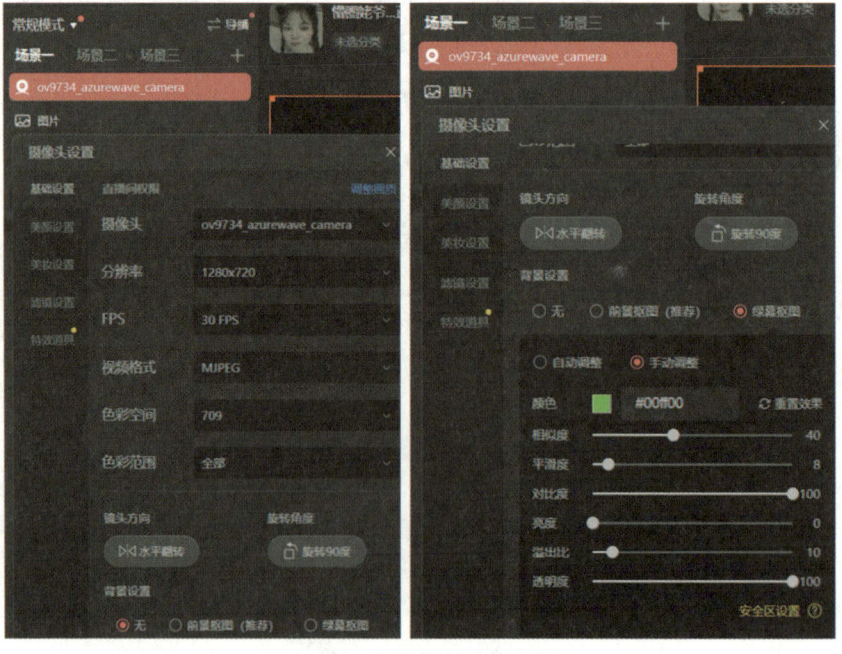

图 2-20 设置绿幕人像抠图

45 直播伴侣礼物展示如何设置?

当直播收到礼物时,在互动消息区的礼物展示区域播放礼物动画,默认状态动画会被裁剪。可根据需要自行拖拽操作,以更好地展示礼物(图2-21)。

① 将互动道具面板在直播伴侣操作界面中分离出来,以悬浮窗展示礼物动画(不裁剪)。

② 在直播伴侣中央的画板区域展示。操作步骤:"互动消息区"→"设置"→"礼物特效展示区域"→"画板区域"。

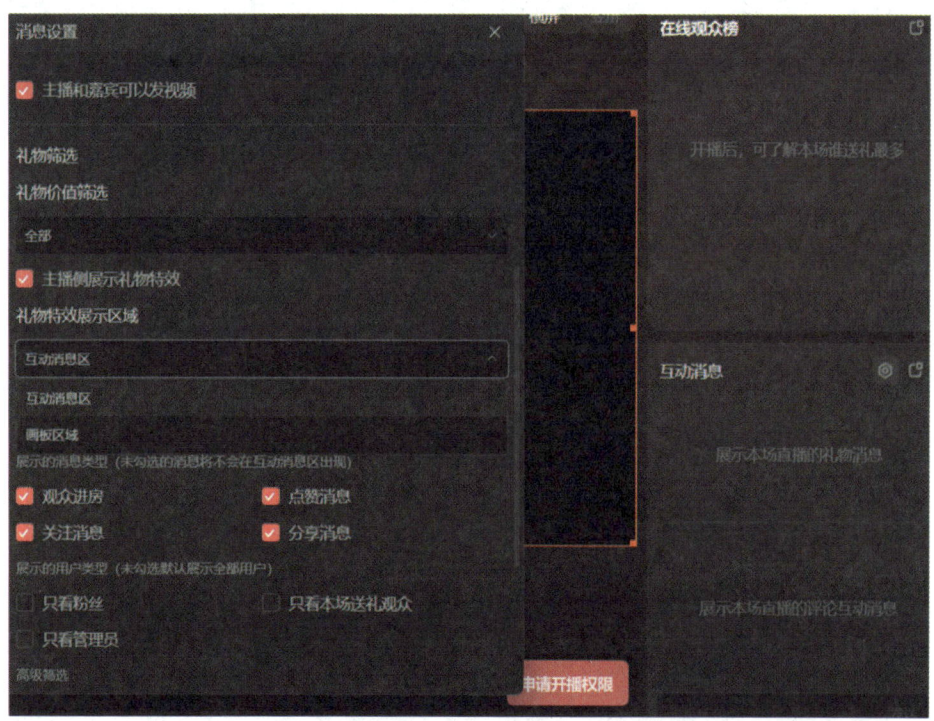

图 2-21 礼物展示设置

46 如何设置直播参数?

直播设置中最重要的参数主要有分辨率、视频码率、帧率。

① 分辨率:是视频画面大小。分辨率越高,用户端画面越清晰。

② 视频码率:是视频在单位时间内的数据传输量。码率越高,用户

端视频质量越高。

③ 帧率：是视频每秒展示多少张画面。帧率越高，用户端视频越流畅。

对于三农带货主播设置参数建议：分辨率为 1280×720，视频码率为 3000/4000，帧率选择为 30（图 2-22）。

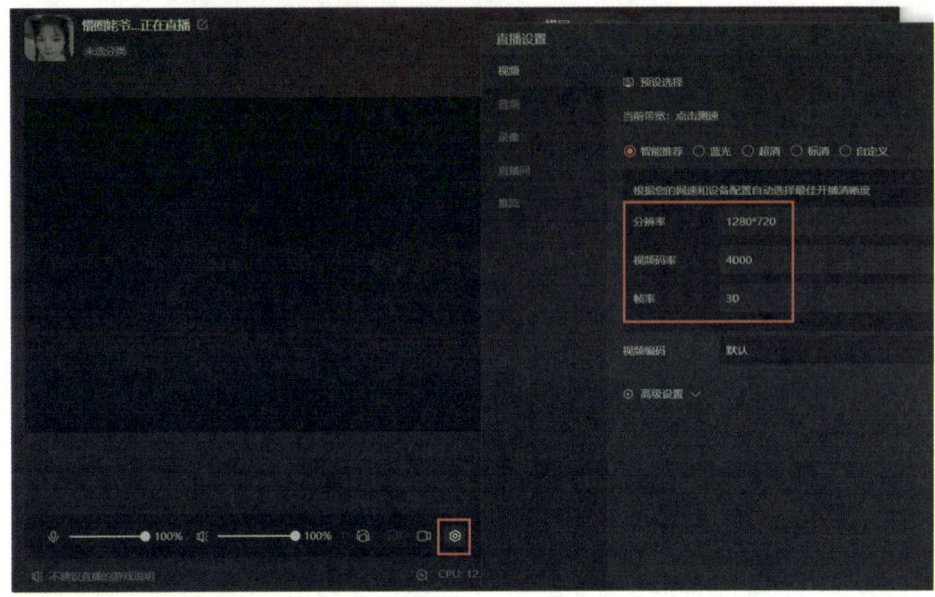

图 2-22　分辨率、视频码率、帧率设置

47　如何判断设置的参数是否合适？

① 帧率持续小于设定值，说明电脑性能无法满足直播。

② 码率为 0 或者"重连中"，说明直播网络情况太差（图 2-23）。

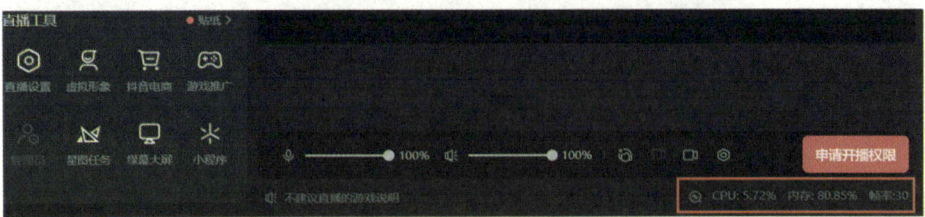

图 2-23　设置参数的界面

48　直播连麦中如果对方听不到主播声音该怎么办？

① 对方和直播间的观众都听不到，说明直播场景下的麦克风有问题或

连接有问题。

② 观众能听到,连麦对方听不到,则是连麦模块调起麦克风设备失败,操作如下:

"直播设置"→"音频"→"麦克风"→"选择设备"→确认直播麦克风设备→尝试重新调起麦克风或者重新拔插麦克风再试(图 2-24)。

图 2-24 直播音频麦克风设置

49 直播连麦中如果主播听不到对方声音该怎么办?

① 播放音乐自查扬声器设备,如果听不到音乐,那么说明设备有问题或者设备没选对。

② 能听到播放的音乐,但听不到对方声音,检查扬声器选择情况或拔插设备再试。操作步骤:"直播设置"→"音频"→"扬声器"→"选择设备"→确认扬声器设备(图 2-25)。

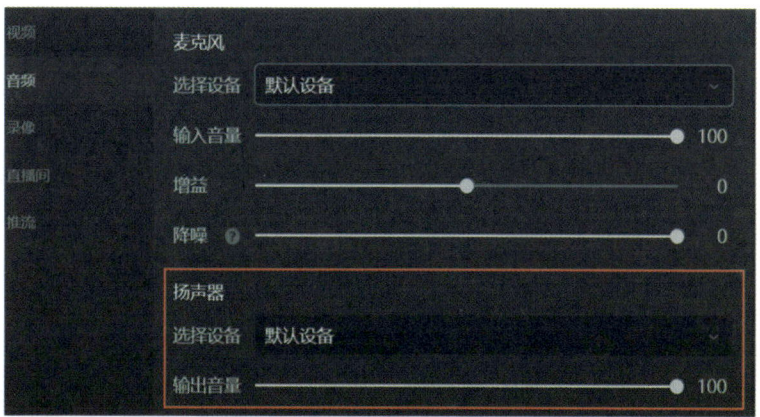

图 2-25 直播音频扬声器设置

3 设备篇
（抖音平台）

1 带货直播间常用的灯光设备有哪些？（图 3-1 至图 3-3）

光源发散、柔亮

图 3-1 球形灯

下半身补光

图 3-2 地灯

近距离展示，美颜补光

图 3-3 环形灯

2 带货直播间需要配置哪些设备？

① 手机开播需要的基础设备配置：2 部手机（一部手机直播，另一部手机监控与互动）、麦克风、灯、支架。用美颜功能的手机作为直播手机，光线处理技术更适合真人出镜。

② 电脑开播需要的基础设备配置：高清直播摄像机、高配电脑并安装抖音直播伴侣、声卡、麦克风、支架、灯。

③ 投屏电视＋手机＋支架：投屏电视、手机、支架、灯、麦克风、电脑安装抖音直播伴侣。

3 直播间常用的灯光类型有哪些？

直播间常用的灯光类型有 5 种：主光、辅助光、轮廓光、背景光、顶光。

① 主光：直播间的主要光源，突出主体（图3-4）。

图3-4 主光源设置图

② 辅助光：主光的辅助光源，一般用于增加人物的整体立体感（图3-5）。

图3-5 辅助光源设置图

③ 轮廓光：可营造画面氛围，凸显主播轮廓（图3-6）。

图3-6 轮廓光源设置图

④ 背景光：在环境光不够或者缺失时可用于背景照明，增加直播间的层次感（图3-7）。

图3-7 背景光源设置图

⑤ 顶光：用来提亮环境光和头顶的光线，实现主播与背景的融合（图3-8）。

图3-8 顶光源设置图

4 直播间常用的主光源设备有哪些？

① 环形灯。

② 圆形面板灯。

③ 便携式LED补光灯。

④ 平板LED灯。

⑤ LED补光灯+柔光箱。

⑥ LED补光灯+柔光球。

⑦ 反光板。

5 直播间常用的光效有哪些？

（1）面部立体轮廓法。

采用斜上光源，增加面部轮廓立体度，强调主播面部骨骼立体感。斜上光是从主播头顶左右两边45度的斜上方打下的光线。

（2）顺光照明法。

顺光照明可以用2盏灯或1盏灯实现。适合拍摄脸型匀称、年轻的主播。

① 2盏灯模式：具备柔光效果的2盏同功率灯，从靠近摄像头左右两侧等距位置，略高于摄像头的高度，将光线投向视频主播。

② 1盏灯模式：单灯从摄像头后方略高处投向主播，结合反光板调节光强度。

（3）侧光照明法。

主光与摄像头镜头大约成90度左或右的方向投射，另一侧则需要反光板辅助。这种布光适合主播脸型比较胖，左右两侧脸不对称，可修饰面颊，让主播外貌更完美。

6 直播间灯光设备的重要性

在最终的视觉效果呈现上，灯光的作用大于相机作用。

① 修饰主播皮肤、脸型，有效提升主播整体形象。

② 提出卖点，展现品牌和产品的高光亮点。例如，春见耙耙柑，在灯光的照射下，颗颗爆珠果粒，激发粉丝购买欲望。

③ 通过暖光、冷光、落日灯、霓虹灯营造直播间氛围。

7 直播间灯光选择的核心参数有哪些？

① 灯光实际亮度，使用寿命。

② 灯光色温。

③ 灯光的显色指数>96。

④ 灯光接口通用性。

⑤ 灯光的 Ra 指数 >92，也主要显示人脸皮肤还原能力。

8 直播间如何布置光源？

① 单光源——环形灯（图 3-9）。

② 双光源（图 3-10）。

③ 三光源（图 3-11）。

④ 四光源（图 3-12）。

图 3-9　单光源

图 3-10　双光源

图 3-11　三光源

图 3-12　四光源

9 为什么直播间有刺耳的电流音？

① 多数情况是声卡线路接触不良或转换头问题造成的电流杂音。

② 手机充电带来的电流杂音，可通过扭转接头调试。建议直播过程

中最好不要充电或采用充电宝。

③ 另一部手机进入直播间,直播手机和声音之间出现了回录。建议把进入直播间的手机音量调到最小,远离正在直播的手机,戴耳机收听。

④ 直播间有间断性的脉冲声音,可能是其他电器的电磁波干扰。比如电磁炉、冰箱、笔记本电脑等。

10 直播间怎么进行设备配置?

① 手机直播:2部手机 + 环形美颜灯 + 手机支架 + 声卡。

② 电脑直播:1台高配电脑 + 直播摄像头(或相机)+ 组合灯具 + 摄像头支架 +1部监控手机 + 声卡。

③ 专业直播:2台高配电脑 + 直播摄像头(或相机)+ 组合灯具 + 摄像头支架 + 采集卡 + 声卡 + 调音台 + 提词器 + 产品展示台 + 麦克风 + 导播台。

④ 智能化专业直播:集成化人工智能直播设备(可同时替代相机、电脑、导播台、显示器、提词器、音响、声卡、麦克风,能具备抠图、美颜等功效)。例如卡多希等。

注:针对三农美食主播可配置特写直播相机。

11 常用的直播软件有哪些?

① 直播伴侣(直播间推流)。

② 巨量百应(直播中控台)。

③ 抖店(店铺后台)。

④ 巨量引擎电商广告(电商广告投放后台)。

⑤ vMix(相机信号与素材整合软件)。

⑥ EOS Webcam Utility(佳能相机不需要采集卡即可输出)。

12 什么是声卡?什么情况下需要配置声卡?

声卡是用于提高直播声音质感的插件。声卡分为网红声卡和专业声卡2大类：网红声卡内置多种声效，操作难度低；专业声卡调试难度较大。

一般情况下不需要声卡，只有当主播以唱歌、声音为流量吸引点对音质要求高的才需要配置声卡。

13 声卡设备分哪些类型？

① 手机直播、K歌类声卡。普通性能的声卡，价格相对便宜。这类声卡有内置电池供电，便携且操作简单，适合使用全民K歌、唱吧等App的音乐爱好者。

② 录音、音乐制作所用的声卡。这类声卡主要以连接电脑为主，专业性较强，需要进行调试，操作难度相对较大。

③ 提升音质的HIFI类声卡。主要作用是解码或优化声音，提高输出音质。

14 直播麦克风有哪些？

直播麦克风分为动圈麦、电容麦、铝带麦、领夹麦等。

不同直播场景选用不同的麦克风。电容麦克风的音质清晰、灵敏度高，非常适合室内直播，专业声音类直播适合选用电容麦。电容麦克风分为5伏和48伏，5伏电容麦可以直接使用，无须额外供电；48伏电容麦需要使用电源。

15 为什么三农直播更偏爱领夹麦？

如果电脑内置声卡及麦克风音质较差，可使用领夹麦USB接口跳过内置声卡，避免音质损失。使用领夹麦不占用耳机插孔，可同时使用耳机。领夹麦能突出人声、弱化噪音、稳定音量，便于解放双手展示产品。

16 什么是采集卡？

直播中使用的采集卡，其实是视频采集卡，用来采集摄像机信号，经过转换输出给推流电脑。

17 什么是导播台？

导播台：可切换不同摄像机机位图像，为推流电脑输出不同画面。一般导播台包括音频控制、视频信号切换控制、特效控制和菜单选择等多个模块。

18 什么是调音台？

调音台：将多路输入音频信号进行放大、混合、分配、音质效果加工后再输出，是专业直播中加工多路小蜜蜂声音、外接音效等声音控制的设备。

19 直播绿幕怎么用？用在什么场景？

直播绿幕用于虚拟直播间，配合电脑直播（进入直播管理→填写直播基本信息）、绿幕软件（选择直播平台，进行直播设置），可以任意切换背景，展示产品卖点和使用场景、专场活动介绍。

主播与绿幕之间的距离尽量控制在 1.5 米以上，防止绿幕的颜色反射在主播身上，从而提升直播画面的真实感。

20 直播间画面模糊、主播显白是怎么回事？

①画面模糊：常见的是直播清晰度设置问题。如采集卡画质分辨率设置是否为 1920×1080，视频码率越高越好。

②补光需求：常见的问题是美颜过度问题，打光不科学、背景板反光等问题。

③直播间网络环境：比如网络不稳定，出现延迟、丢帧等情况。

21 直播画面出现卡顿该如何解决？

查看直播电脑的 CPU 占用率，当 CPU 占用超 70% 时电脑卡顿情况逐渐显著，说明电脑 CPU 配置太低，无法支持开播，需高配置的 CPU。

应急策略：

① 将直播助手分辨率调低。

② 关闭无关程序，降低 CPU 工作负荷，清理电脑。

22 直播画面黑屏该怎么处理？

① 确认是否连接好摄像头或在直播助手重新设置虚拟摄像头。

② 重启直播电脑或直播一体机。

23 下播后的注意事项有哪些？

设备使用后及时充电，如直播手机、伴奏手机、提词器等需要电池供电的设备，下播后及时充电，确保第二天直播时设备能正常使用。

设备调试后不建议拆卸，如直播间话筒、支架串用后不要拆卸、随意移动，避免下次开播需重新调试。

24 直播间投屏的设备有什么？

①直播投屏一体机：可以替代手机、电脑直接开播，实现绿幕抠图、虚拟背景、画中画、贴片录屏、提词、多机位直播、远程直播等功能，根据型号不同，功能略有差异，基本能实现音视频采集、智能处理、上传传输一体化的直播设备。为个人主播降低设备调试门槛，属于直播领域专业设备。

②手机投屏器：有线投屏、无线投屏（不推荐，连接麻烦、不稳定、延迟）。使用有线投屏时，需要购买直播投屏线，并安装手机投屏软件。

25 直播一体机使用哪些设备？

针对三农类专业直播间，直播一体机适合室内直播。

农副产品主播带货直播设备：直播一体机+无线导播拓展本+特写直播相机+绿幕或背景板+支架+直播灯光+调音台+麦克风。

26 直播间需要准备哪些卡牌？

① 规格类卡牌：尺码卡牌、主播信息卡牌、爆款引导卡牌。

② 活动卡牌：满减活动、链接活动、活动展示卡牌。

③ 用户留存引导卡牌：点赞、关注、送灯牌等一系列客户留存的引导卡牌。

27 直播设备选取应注重的四大功能

① 强大的自动对焦功能：确保合焦正确画面。

② 宽泛的变焦功能：确保所需的画面重点大小尺寸。

③ 专业的音频设备功能：确保清晰的音频。

④ 专业的远程控制功能：确保流畅切换。

28 三农类室内、室外直播如何布置背景？

如果直播背景是窗帘或壁纸，则尽量选择纯色和浅色，以获得简洁、简约、空间开阔感。

通过室内布置装饰（绿植、农产品、货架、灶台等），配合主播的妆容、服装、节日气氛等装饰元素，增加直播的真实感，给粉丝带来沉浸式体验。

如果是农产品带货室外直播，建议选择农产品种植场景，例如，果实累累的果园、一望无垠的菜园、大棚种植场景等。

如果是农副产品带货室外直播，建议选择农副产品生产加工场景，例如，制作场景、试吃场景、烹饪场景等。

29 小白级直播间的设备应该如何配置？

① 至少2部手机：建议用华为Mate系列、P系列等高配置手机，其画面效果较好。

② 1个麦克风：最好是领夹麦，便于带货主播移动。

③ 支架和美颜灯：美颜灯配合支架使用，主播坐播选择放在桌面的

支架，站着播选择长支架，根据直播类型选择。

④ 如果直播间较大，产品数量丰富，要展示主播及直播场景，则需要一套完整的基础灯光设备（包括轮廓灯、主灯、补光灯和辅助背景灯）。

30 三农直播间的道具清单中不容错过的有哪些？

① 展板：用于展示商品卖点，如产地优势、优惠活动、价格优势等，使用户一进直播间就可以看到展板信息，展板应信息简洁、颜色醒目、文字清晰。

② 计算器、计时器：用于现场计算价格、倒计时催单，有利于形成真实、互动的议价场景。

③ 餐具：三农美食直播间现场制作美食，均使用夸张可爱的餐具、餐盘，例如，"真的浪胃仙"直播时使用的铁板烧、煎锅、饭盆，这些都能很好地展示美食、特产的卖点。

④ 服装道具：很多三农账号会固定服装道具，直播时总穿戴同样的服装、饰品（眼镜、发卡、围兜等），以增加记忆点。

4 玩法篇
（抖音平台）

1 抖音短视频作品5个关键点

① 用户思维：永远都要有用户思维，要清楚作品给谁看，他们的喜好、需要、习惯、情绪。

② 价值思维："有用"是视频为用户提供的价值，这个价值可以是知识点、观点、情绪等。

③ 情绪价值：视频的前3秒要释放出情绪信号，如开心、忧伤、恐惧、感动。情绪是流量密码。

④ 故事价值：用户喜欢看故事，不喜欢看描述，一定要有逻辑框架和故事性，故事价值可根据完播率判断。

⑤ 抖包袱：每条作品都要有一个与用户产生共鸣的包袱，这个包袱决定用户是否会点赞。

2 抖音的底层逻辑是什么？

（1）去中心化。

视频播放量取决于视频内容。同一账号作品的播放量都不一样，与粉丝没有绝对的关系。

（2）算法思维。

抖音算法不认识主播是谁，只认指标和内容。高频发布优质内容、良好的互动数据都会成为账号的权重。

（3）赛马机制。

一个内容从初始流量池开始，想要突出重围，就要对标好的创意和优秀的内容。

（4）回归到人。

机制和算法都是服务于用户的。使有思想与感情的个体，独一无二的 IP，持续地惠及消费者。

综上所述，让所有的迎合逻辑都变成创作习惯。

3 抖音的八大流量池是什么？

流量池是指抖音平台的观众人数。一条视频的点赞数、评论数、转发数、完播率达到平台每个流量池的设定参数值时，平台就会把作品推给更多的观众观看，依次叠加推荐。

抖音将流量池分为 8 个等级，如表 4-1 所示。

表 4-1 抖音流量池的 8 个等级

抖音流量池	人数
初始流量池	300~500 人
千人流量池	3000 人以上
万人流量池	1 万人以上
人工审核流量池	10 万人以上
小热门流量池	20 万人以上
中热门流量池	100 万人以上
大热门流量池	500 万人以上
全网推荐	1000 万人以上

4 抖音短视频的五大核心元素是什么？

抖音短视频不上热门往往是因为对短视频的内在逻辑不清楚，掌握短视频的五大核心元素等同于获取了流量密码。

① 点赞率 >3%，点赞代表粉丝认同。

② 评论率 >1%，评论代表粉丝想参与。

③ 转发率 >1%，转发代表粉丝觉得有用。

④ 完播率 >1%，完播的背后是精彩的内容。

⑤ 关注，说明粉丝对创作者有期待。

5 发布作品的五要素是什么？

标题新颖火爆，文案情感充分，标签定位精准，位置自带热度，封面吸睛走心。

6 爆款短视频的九大标准

① 画面清晰干净、无抖动，场景简约。

② 封面清晰，有看点，贴近视频主题。

③ 背景音乐清晰，与视频主题相关，不低俗。

④ 标题与内容吻合，切勿做标题党。

⑤ 视频显示饱满，没有明显的边框，突出人物的短视频以竖屏为主，突出产品或环境的短视频以横屏为主。

⑥ 视频时长 60 秒以内，无重复画面，故事内容完整，且突出主题，符合三农的特征。

⑦ 题材有记忆点、画风稳定独特，有正能量。比如农技科普、农村生活介绍、农村美食介绍等。

⑧ 真人出镜。人格化属性是优势三农小视频的重要因素，真人出镜有利于增加互动感。

⑨ 品牌化经营，人格化表达，形成个人影响力，拓宽变现渠道。

7 如何运营新账号？

① 找对标账号、拆分账号，明确定位。

② 选择内容赛道，计划拍摄，创意剪辑。

③ 选择相对固定、适宜的发布作品。

④ 复盘分析数据、调整内容，优化拍摄、剪辑、发布，寻找最佳组合策略。

8 账号运营经历的3个阶段是什么？（图4-1）

图4-1 账号运营的3个阶段

1. 冷启动期
寻求第一个作品的推荐机会，一旦获得热门推荐，账号大概率能度过冷启动阶段。

2. 爆发期
一旦获得作品热门推荐，粉丝量和播放量将呈增长趋势。

3. 瓶颈期
作品上热门的周期为3~7天，如果没有持续好的内容，将会进入瓶颈期。这个阶段需要心态平和，寻求运营能力的提升。

9 如何做出用户喜欢的短视频？

① 选题：建议选取50~100个对标账号，拆解账号内容，结合自身优势找到创作方向。

② 内容：要有设计技巧，注意开头和结尾，确保完播率。

③ 表达方式：要让用户觉得赏心悦目。沉重且理性的内容，需要语气平和、语速缓慢；夸张搞笑的内容，需要浮夸的表达和高低起伏的音调。

10 三农小视频选题的五大类型

① 农村生活。优质的农村生活类三农小视频一般能够完整地展示农村的节日、农村生活日常以及农村风俗,主题突出、内容完整。有真人出镜，同时人物属性要突出，有互动的镜头，还要有一定的剪辑技巧，使短视频非常精美。拒绝随手拍摄。

② 农业生产。农业生产包括农业生产技术分享、农业技能展示、农业成果展示、农业机械的操作展示、农业技术的推广以及农业的相关工作等。视频要重点展现农业生产的过程，或者说专业的技术分享内容。比如说展示大棚种植技术，重点可以落在详细的技术介绍上面，而不是随意拍摄。

③ 农村美食。农村美食的内容是指对农村特色美食进行介绍，或者展示农村特色美食的制作过程。美食制作过程要完整，拍摄环境要有特点，视频的内容要有主题，可以单条展示完整的美食制作，也可以分成上下篇，并在标题中注明；视频剪辑要有技巧，配乐要结合主题。优质的农村美食类小视频，不包括农村吃饭随手拍这种视频内容。

④ 农村风景。是指农村特色的风景展现与乡村介绍，或者是展示新农村的面貌。

⑤ 赶海野钓。此类小视频场景一般发生在海上、海边或是河边，比如出海捕鱼、农村休闲野钓等，需要突出环境的真实性，善于捕捉并突出视频中的亮点，注意视频画面的视觉冲击感。

11 抖音短视频热门内容的 10 个基因

① 引起共鸣和认同：明确立场，表达观念，分享遭遇和经历等。

② 引起好奇：如为什么、是什么、到底怎么回事、何时、何地、惊喜等。

③ 利益相关：与粉丝息息相关，关乎群体利益、地域利益等。

④ 引起思考：人生哲理、生活感悟，人生观、婚姻观、世界观等。

⑤ 引发欲望：勾起食欲、追求美好、展示效果等。

⑥ 探求未知：新奇的事物、新鲜的景色、新奇的人、新奇的生活等。

⑦ 满足幻想：爱情幻想、生活憧憬、理想伴侣、萌宠猫狗、土豪生活、奢华生活等。

⑧ 感官刺激：味觉、听觉、视觉、感觉刺激等。

⑨ 获取价值：有趣的灵魂、有用的信息、有价值的知识、有帮助的常识等。

⑩ 强烈冲突：身份反转、颠覆常识、剧情反转、强烈反差、戏剧冲突等。

12 做抖音必须经历的 8 个阶段

① 兴奋期：觉得抖音遍地是黄金，开始到处学艺买资料，准备大干一场。

② 迷茫期：学习了一段时间，短视频不火，直播间没人。

③ 怀疑期：怀疑一切，怀疑被骗，怀疑平台限流。

④ 清醒期：大约只剩下 20% 的人，开始认真学习。

⑤ 起飞期：视频有了播放量，直播间开始进人了。

⑥ 爆发期：各种数字达 99+。

⑦ 起伏期：播放量出现较大起伏，情绪也开始起伏。

⑧ 稳定期：心情平静，将自媒体变成表达生活的一种方式。

13 不同权重的短视频，首播推流是不一样的吗？

抖音的作品首播推流更加倾向于对核心粉丝。粉丝基数越大、核心粉丝越多，初始数据越好，越有助于作品上热门。注意：互粉、刷粉影响核心粉丝比率，可能会影响推流。

14 什么是憋单？

憋单：是指勾住你又不让你买的情况。包括憋互动、憋人气。

原则：青铜做数据，白银做人气，王者做氛围。

示范："来宝宝们，能不能支持一下助农主播乐乐？如果没抢到，不要生气，不要带节奏。""今天主播豁出去了，福利不停，省去广告费直接炸福利，只为宠粉和口碑。"（互动话术、客套话术、营销话术多次重复，勾住粉丝停留观看、抢福利）"一箱红薯我要补贴 5 块钱，咱们这款先放 50 单，宝贝们练练手速，下一款卫裤的福利继续放 100 单！一会儿抢到的宝儿记得回复 1。帮主播做个证，不玩套路，真实放单。"

15 怎样进行作品上热门的数据分析？

① 作品时长为 7~10 秒：完播率 ≥ 60%，点赞率 ≥ 5%，评论率 ≥ 5%，收藏转发 ≥ 0.4%。

② 作品时长为 15~25 秒：完播率 ≥ 45%，点赞率 ≥ 4%，评论率 ≥ 4%，收藏转发 ≥ 0.3%。

③ 作品时长为 25~30 秒：完播率≥35%，点赞率≥4%，评论率≥3%，收藏转发 0.3%。

④ 作品时长为 40~60 秒：完播率≥30%，点赞率≥3%，评论率≥2%，收藏转发≥0.3%。

⑤ 作品时长为 60~120 秒：完播率≥25%，点赞率≥2%，评论率≥2%，收藏转发≥0.2%。

作品的数据详情可在作品发布后进行查看，如图 4-2 所示。

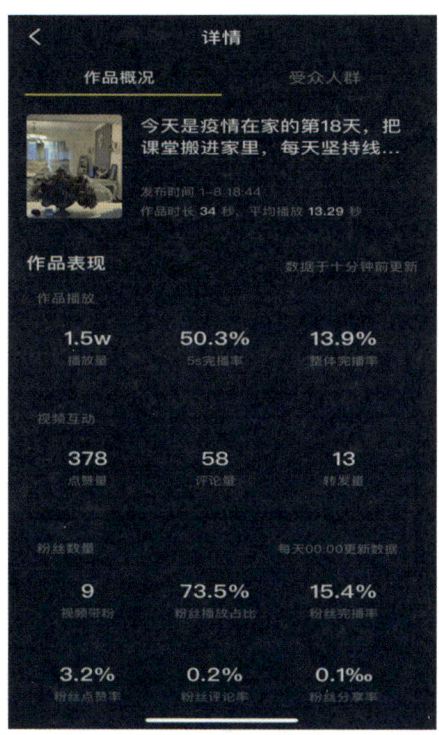

图 4-2 作品数据详情

16 如何增加用户的停留时长？

直播间的停留最重要，增加用户的停留时长须做到以下 3 步：

第一步：提问题。多提问，促进粉丝互动。通过问题刺激思考，激发评论。

第二步：场景模拟法。针对产品，还原使用、制作过程，让粉丝得以沉浸式体验。如农产品直播间展示初级农产品，可供选择的家庭制作方法及过程，试吃及评价。

第三步：选择法。让粉丝在直播间互动、进行讨论，发表意见。多提供让粉丝做选择的机会，提供包装、规格、价格选择。如针对高品质要求的粉丝，推出 90 以上的优质大果；对于普通粉丝，推出 80~85 的高性价比果品。

17 老主播一定有优势吗？

实际运营中，很多身经百战的老主播的直播数据不如新主播。

（1）老主播的优势。

话术能力、控场能力、氛围营造能力等都是通过实践的积累而获得的。

（2）新主播的优势。

新主播的积极性、学习主动性、创新意识比较强。

新主播能对标当下的高热度直播间，学习最新的话术和营销套路，营造最吸引粉丝的直播氛围。

新主播的成长需要时间去培养，老主播如果能克服惯性思维、与时俱进，则照样能保持自身优势。

18 新号高返怎么玩？

平台不欢迎此玩法吸引用户购买商品，新号高返即收到货后好评返现，可以是全返或部分返。新号高返可给直播间打标签，获得平台推流。引导用户下单，提高成交率，快速拉高权重。

19 开播半小时怎么玩？

① 目标：冲到在线 3000 人。

② 原理：在线层级较高时，即使掉下来也能处于较高层级。

③ 开播时间：整点提前 10 分钟，冲小时榜。

④ 投流：随心推或千川极速推广 300 人，点击 300 人，选择适应的

年龄和性别。

⑤ 话术：憋单话术，如"我们会在 × 分钟后，给大家开一波大福利，库存有限，中间离开时效为 × 分钟"。放完单，预告下一波库存，加高继续开，越往后开越多，人数不够则补随心推或者千川。有转化可 5 分钟开一次，持续多次开，半小时循环操作 5~6 次，直接打爆直播间。

20 什么是直播商品 AB 区间链？

平台不欢迎 AB 区间链玩法。直播某单品，挂 2 个链接，A 链接标价极低，例如 0.9 元，设置库存 1，购买要求 2 件起，此链接是摆设，吸引点击，做好停留，匹配抖音流量算法；B 链接为单价，抬升产品在客户心里的价值，开 B 链接改价上库存，使用户拍 B 链接的产品。这种玩法很容易废掉账号。

21 怎样憋单？

设置一个商品链接，展示一款超低价格、特别能吸引粉丝的产品，制造马上放单的氛围，通过产品介绍和营销话术，使大量粉丝驻足停留，为直播间提升停留数据。

22 复合链接怎么玩？

① 复合链接，在一个链接中上多个产品，而在 2022 年 "818 抖音新潮好物节" 之后只能上同一款不同规格的产品，可以将不同规格的产品图片放在 1 号链接。

② 1 号链接主图用套装图片，把搭配不同规格的产品做到链接里面，低价放出库存，但是那个最低价格的规格产品库存应时不时放出 1~2 单避免违规，其他规格的正常库存，福袋口令设置"已拍"，飘屏引导去抢其他规格的产品。

③ 抖加随心推 300 人气、点击"叠投自定义"，10 分钟跟 100 人气。

④强调价格是做活动才有的价格,引导用户聚焦产品的面料、做工。直播间赠送运费险,拍下觉得不好可以无理由退货,拍好扣屏可以优先发货。

23 直播间起号怎么玩？

首先,基于产品,创作"好物分享"或者"种草"视频,投DOU+助力视频;其次,挂小黄车,投小店随心推,关注点击率和转化率;最后,借助巨量千川的图文,以投成单为主放大视频,得到具有转化能力的视频和产品。

通过以上操作累积精准粉丝,检测SKU(单品)中有稳定播放的。进入直播,借助千川投流,为直播间助力,以重转化为主,通过视频引流直播间直播。

24 如何引导"薅羊毛"购买主推品和利润品？

①优化直播方法,营造直播娱乐互动氛围,拉长停留时长。
②提升运营技巧,设置红包、福袋福利,拉长停留时长。
③优化选品组合,满足高客单和低客单用户需求,找到合适的过渡品。
④改进直播话术,清晰阐述产品功能,突出营销卖点。

25 低价转高价怎么玩？

低价转高价考验主播话术和对整体节奏的把握能力。价格变动多是为了承接流量,有时候可能是为了让之前买贵的客户退单,重新下单帮忙把数据做漂亮。

①目标：把客单拉到40单以上。
②玩法：组合产品捆绑销售。
③操作：上完引流款,介绍组合产品,改价改模式,买一送一。
④投流：发布预告视频,用抖加、随心推投视频加热直播间,定向高客单达人、200评论、200成单,半小时投1次。

⑤ 话术：炸福利的话术，先讲主推款会给大家炸很优惠的福利，无论是主推还是赠送的价值都不低于套装价格，价格不能虚高，尽量贴近实际。

⑥ 细节：尽量让套装每天都能保持出单 30 单以上或者 GMV3000 元以上，稳定 5~7 天价格标签打起来后，再组一个新套装或者直接降低 20% 的价格尝试全场讲一个套装打爆它。

26 直播间粉丝留存怎么拉？

① 优化直播间设置。

② 设计主播形象，吸睛驻足。

③ 预告直播活动，满足好奇心。

④ 迎合粉丝心理，放福利。

⑤ 弹幕控评、制造话题，引导互动。

27 直播间口碑分

直播间口碑分是由近 90 天内账号"商品体验""物流服务"及"服务态度"3 个评分维度加权计算而来，数据越新对分数影响越大。

28 直播间口碑分的影响因素

① 差评率。

② 品质退货率（因商品质量和物流问题导致的退货）。

③ 投诉率。

④ 发货速度。

⑤ 客服回复速度。

⑥ 退款处理速度。

29 直播间口碑分有什么作用？

影响商品转化率，影响官方活动报名，影响直播间自然流量。具体分值影响见表 4-2。

表 4-2　口碑分值作用

分值	流量	广告
口碑分 >4.8 分	平台推流有加权	广告可正常投放
口碑分 <4.4 分	自然流量限流	广告投放也会被限流
口碑分 <4.0 分	自然流量限流	广告无法投放

30　如何确保直播间口碑分？

① 新号尽快完成 30 单有效单。

② 专人跟踪后台的服务数据。

③ 店铺要有高性价比福利品。

④ 设计能提升互动的直播话术。

⑤ 为客户赠送暖心惊喜礼品。

⑥ 云提醒发货、签收、好评。

31　商家的体验分和带货口碑分是什么关系？

2 个数据都是由近 90 天内的"商品体验""物流服务"和"服务态度"3 个维度决定，逻辑相似但不同。

商家体验分是针对店铺打分。商家体验分 <3.2 分，商家将会被清退；商家体验分 ≥ 4.0 才可准入精选联盟；商家体验分 ≥ 4.4 分，可参加抖音平台活动。

带货口碑分是针对带货创作者(达人)打分，达人 90 天内售出 30 单(有效单)，才有口碑分；达人带货口碑分 <3.0 分，达人将失去带货权限；带货口碑分 <4.4 分，不能投 DOU+；带货口碑分 >4.5 分，平台才会给流量；带货口碑分 <4.6 分，不能投 Feed。

32　橱窗信用分是什么？

橱窗信用分是平台考核商家短视频、直播内容的依据。平台会对违规内容扣减信用分，每次违规扣 0.5 分或 1 分（表 4-3）。

表 4-3 信用分值对照表

分值	视频展示	直播	商品橱窗
8~12 分	正常	正常	正常
6~8 分	仅个人可见	—	整改 1 天
4~6 分	—	—	限制 3 天
2~4 分	—	—	限制 7 天
0~2 分	—	—	限制 14 天
0 分	—	—	永久关闭

橱窗信用分（10~12 分），30 天内无违规加 1 分；
橱窗信用分（0~10 分），7 天无违规加 1 分。

33 直播间爆款怎么测？

① 目标：对照当季爆款进行选品。

② 玩法：视频直播间测爆款。

③ 操作：通过蝉妈妈或抖查查，找日销排名前 3、周销排名前 3、对接工厂销量前 3。以同样的短视频拍摄场景、脚本拍摄 9 款产品，用随心推投流，看播放量和点赞数。

直播间每款产品利益点相同，分配时间相同，看商品点击率和成交转化率，每次剔除后 3 个产品，每日完成 3 个轮替，确定爆款选品。

④ 爆款数据：100 元投流播放量破万，或商品点击率 >20%，则可大力打爆。

34 抖音直播送福利有哪些玩法？

直播送福利是直播运营通过合理安排抽奖环节，引导粉丝留在直播间，关注抽奖，参与互动。

直播间送福利包括：福袋抽奖、整点抽奖、问答抽奖、红包抽奖、下单抽奖。

① 福袋抽奖：设置口令"福袋里有 5 斤烟蜜薯"＝新进来的粉丝会

立刻发现"福袋抽奖";"想要 1 号链接特价冰糖心苹果全屏扣苹果"=购物车点击率和公屏互动"全场任意下单送试吃杂粮包"=促转化。

② 整点抽奖:每 0.5~1 个小时抽 1 次奖,粉丝到点抽奖即可。利用粉丝"占便宜心理",驻足等待主播介绍产品,若抽奖等待时间短,用户会等待;若抽奖等待时间长,粉丝一般会先关注,整点返回直播间。整点抽奖有利于提升直播间权重。

③ 问答抽奖:主播提问,引起粉丝互动,在等待放库存期间,引发客户思考、参与,拉长停留,提高直播权重。

④ 红包抽奖:红包抽奖主要是提升停留时长,引导关注点赞,回馈粉丝,增进感情的一种措施。也很好地提高了新粉丝的停留、互动。

⑤ 下单抽奖:直播中,主播提前公布下单抽奖的奖品,说明抽奖的条件和兑奖要求,只有下单粉丝才可参与,如退单返还奖品。

35 福袋怎么操作?

福袋:开启直播→点击直播间下方的"◇"图标→"福袋"。福袋有 2 个发放的方式:抖币奖励和自定义奖励(图 4-3)。

36 红包怎么操作?

红包:开启直播→直播间下方的"…"→"礼物"→"红包"。红包有 2 个发放方式:抖币红包和礼物红包(图 4-4)。

37 直播间常见的互动玩法

① 福袋:设置福袋参与口令,引导粉丝参与,增强互动和直播间氛围。

② 秒杀:设置直播间秒杀,引导粉丝参与秒杀评论。

③ 互动任务:设置互动任务,讲解互动任务,引导粉丝参与直播互动。

4 玩法篇（抖音平台）

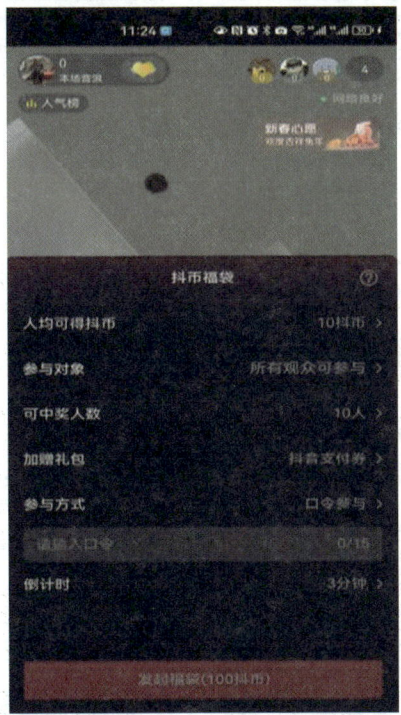

图 4-3 福袋操作界面

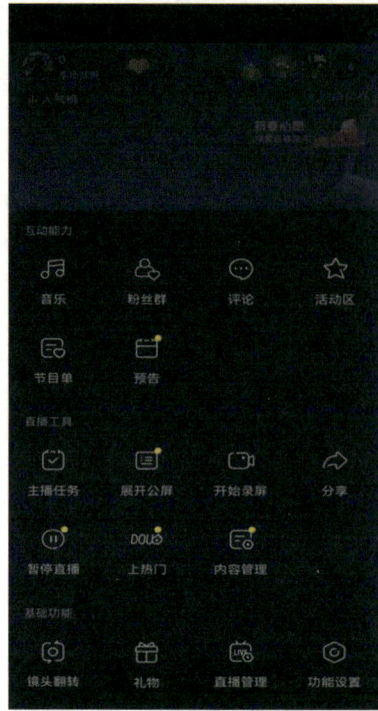

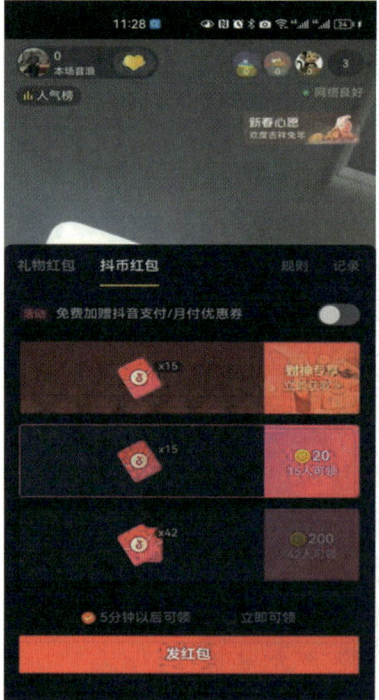
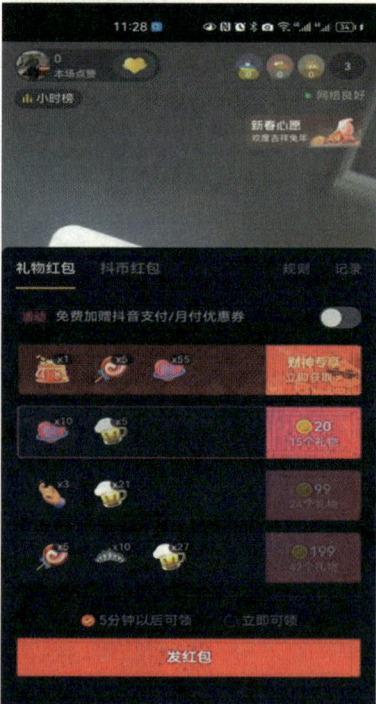

图 4-4 红包操作界面

38 福袋和红包的区别是什么？（表4-1）

表4-4 红包和福袋的区别

工具类型	红包	福袋
发放奖励	指定数量抖币 指定数量礼物	指定数量抖币
开播方式	手机App	手机App、直播伴侣
可发送人群	直播、用户	直播
审核限制	无审核	审核时间约3分钟
数量限制	无限制	每日10个
人数限制	20个抖币，15人领取 200个抖币，42人领取 520个抖币，85人领取	人均可领取抖币数10、30、50、100、1000 中奖人数1、3、5、10、15、20、50、100、200
倒计时时长	5分钟、立即可领	1分钟、3分钟、5分钟、10分钟
参与范围	默认所有观众	可选择全民、粉丝团福袋
参与方式	点击可领	口令参与、分享直播间参与、助力心愿参与
作用	提升停留、调动气氛	提升评论互动、拉长停留、积累粉丝团人数

39 新号如何增加关注量？

① 主播口头引导：直播的过程中主播通过话术，引导粉丝关注直播。

② 粉丝专属券：设置粉丝专属券，引导粉丝关注后领券下单。

③ 福袋活动：设置福袋参与范围，引导粉丝关注后参与福袋活动。

40 新号如何提升成交转化？

① 演示购买：助播不间断演示下单操作，潜意识引导粉丝点击下单。

② 秒杀活动：选择福利款产品，全场多次设置库存秒杀玩法，营造抢购氛围，激发粉丝下单。

③ 逼单策略：通过直播间装修、KT板、主播话术，营造热销氛围。

41 平播怎么玩？

平播核心：产品相关视频 + 千川付费推广。

开播前发一条预告引流视频，同时在直播期间保持每小时发一条视频，针对播放引流视频，用千川投流助力直播。平播至少需要一个引流款产品，低价引流、拉长停留、增强互动以获得系统推荐，快速实现直播流量。每场直播后应通过复盘高曝光、高点击商品的数据，优化选品、排品、话术。

42 7天螺旋起号怎么玩？

7天螺旋起号法的核心是提升互动指标，获得平台流量扶持及抖音系统推荐。起号阶段，通过低价商品吸引粉丝停留、关注、参与，实现引流拉新，反复操作3~7天，实现流量螺旋式提升，当直播间流量稳定再通过选品排品增加利润款，实现获利。

43 福袋卡广场怎么玩？

起号阶段，将引流款商品放入福袋发放福利，引导用户参与抢福袋。

新进入直播间的粉丝因被福袋活动吸引而停留、评论、点赞，提升互动数据，进而获得系统流量加持。在福袋发布后等待抽奖期间推销利润款商品，获取利润。

44 DOU+ 活动起号怎么玩？

DOU+ 活动起号适合低、中客单价品类直播间。

① 引流款产品，设置福袋引流，降低了成本，也能避免低价成单的问题。

② 起号阶段，不依赖泛流量，借助 DOU+，引入相对精准的粉丝群体。

③ 发放福袋后有效承接流量。以成本价商品承接流量，获得优质的成交数据和良好的 UV 价值，但仍不赚钱。

④ 观察实时数据，穿插利润款商品，提高直播 GMV。随直播间权重

和流量逐渐优化，利润款比例逐渐加大，从而获利。

⑤ 账号运营期间，围绕账号定位，不断优化人设。

⑥ 坚持复盘数据，持续优化选品，调整排品，持续打造爆品。

45 垂直起号怎么玩？

垂直起号的核心在于以交易标签和指标倒逼用户基础标签和交易基础数据。

① 停留与转化并重。高转化带来精准流量。

② 短视频强调商品卖点、高颜值、高性价比，每天发布 3~5 条短视频为直播间精准引流、测品、打造爆品。

③ 开播初期，依赖短视频引流、系统初始推荐，通过高性价比商品实现高转化。

④ 借助抖+超长时间投放达人相似粉，提高账号权重。

⑤ 这种起号模式，DOU+ 消耗相对较慢，因为投放相对精准。

46 内容起号怎么玩？

内容起号就是以短视频、直播的内容吸引粉丝，做好停留，获取系统推荐，进而通过带货变现。这种内容起号的玩法非常简单，全靠内容留人，营销成本低，甚至对主播营销能力要求低，难度在于内容的创作。例如某甄选直播间的玩法套路几乎为0，主要靠主播的知识内容吸引粉丝，主播甚至还没有讲解产品，就已经被一抢而空。

47 适合三农主题的 4 种内容玩法

① 技术型玩法：引入元宇宙技术，通过虚拟三农场景和虚拟三农主播为用户带来新鲜体验（图 4-5）。

② 才艺型玩法：抖音的基因是基于兴趣的娱乐平台，在迎合市场发展和用户需求的过程中逐渐转变为兴趣电商。基于才艺展示的农产品展示或农村生活与农村故事的展示，对粉丝有着较强的吸附能力（图 4-6）。

图 4-5 元宇宙场景

图 4-6 才艺型玩法界面

③ 情感型玩法：通过人设与粉丝建立某种情感，进而获得粉丝的同情、鼓励、赞扬等情感交流。针对对标账号营销粉丝群体的特点，产出能够反映情感的内容（图 4-7）。

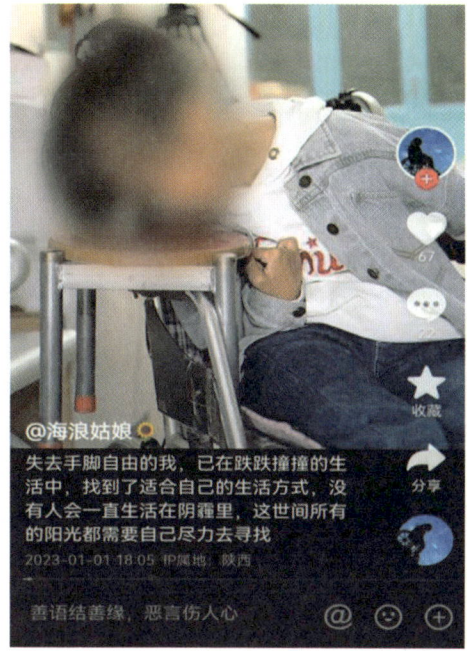

图 4-7 对标账号作品界面

④ 场景型玩法：通过取景真实农产品种植、生产场景，以三农场景短视频或直播的形式，为用户呈现有图有真相的沉浸式体验，获得粉丝的信任并勾起粉丝的兴趣，提供更多转化变现的机会（图 4-8）。

图 4-8 三农场景取景

48 如果三农学员做账号，不愿意出镜怎么办？

① 制作过程类视频。

② 产品展示类视频。

③ 故事讲述类视频。

④ 环境展示类视频。

⑤ 文化风俗类视频。

49 直播切片号怎么玩？

将直播中讲解商品的精彩片段进行剪辑，作为短视频内容进行二次投放。切片账号最重要的在于有效利用现成的内容。

如果直播内容是自己账号的，可直接进行二次剪辑；如果直播内容是别人的，一般情况下必须拿到授权才可使用。

以下 2 种情况可直接用：

① 商家展示在精选联盟的产品，你想通过切片账号带商家的货，可以直接使用。

② 关于中国古典文学、书籍、古诗词分享和海外明星、企业家等公开演讲的观点理论等，诸如此类采访视频可以剪辑。

50 千川打标签怎么打？

（1）做好数据标签：评论量，关注量，商品点击量。

千川速推版投 300 人气，300 条评论，300 次购物车点击，30 个相似达人投放时间 3~5 天。

（2）做好成交标签：成交，复购，每天保持 30 单的出单或者 GMV3000+。

千川专业版投 500 成单多条，行为和兴趣，选自己的类目和关键词继续做好出单，直播间的标签就会精准。

5 产品篇
（抖音平台）

1 直播间常见的几种产品类型

① 引流款：用于开场引流或预告短视频引流，提升直播间的人气和热度，价格有吸引力，无利润甚至亏本销售。

② 福利款：用于引流款与利润款之间的过渡，属于高性价比商品。福利款需要具备一定的流量承接能力，不追求盈利，主要承接流量，尽可能让粉丝下单，提升成交密度并精准标签。

③ 热销款：用于承接直播间流量。有些粉丝进直播间就是为了买热销品。例如年前的普通柿饼礼盒，要求热销款性价比高，迎合大多数粉丝的需求。

④ 利润款：利润款的利润空间较大，也是商家获利的主要来源。例如年前的精装柿饼礼盒，粉丝购买这类商品主要用于送礼，对于包装和产品质量要求高，对于价格不敏感。

⑤ 特色款：这些商品具有特色性、差异性，往往是独家销售或者掌握货源的商家较少。特色款会有效增加信任度，提高粉丝黏性和回购率。

2 什么样的产品适合做引流款？

① 普适性强：粉丝都认识，且都需要。例如生鲜直播间，以9.9元的垃圾袋作为引流款。

② 性价比高：价值公认，性价比高，适当亏本。

③ 供应链优势：成本低，供应链能力强，例如一件代发。

④ 品牌优势：品牌知名度越高，引流能力越强。

3 低价是引流款的核心吗?

不一定。9.9 元的抽纸和 990 元的茅台谁才是真的引流款,答案显而易见。引流款的核心是让粉丝感觉占到便宜,充分享受薅羊毛的愉悦感。

4 引流款的作用是什么?

引流款的两大作用:
① 拉高在线观看人数。
② 刺激进入直播间的流量。

5 引流款的数量、定价如何设置更为合理?

① 引流款的数量不能大于在线观看人数的 10%,少单多亏,有效引流。
② 引流款的定价应该是正价的 30%~40%。

6 什么样的产品适合做福利款?

① 性价比高、大众需求、微赚或者是少赚。
② 市场热门爆款,与利润款对标同类粉丝人群,但在客户需求方面不冲突。
③ 福利款价格低于利润款,但差异不能太大。例如福利款红薯 9.9 元 /5 斤包邮,利润款普罗旺斯西红柿 99.9 元 /5 斤包邮,2 款产品在价格定位上未对标同一消费群体。

7 什么样的产品适合做利润款?

① 7 天内热卖的爆款或相似款。
② 性价比高、有绝对价格优势。
③ 符合目标需求且竞争对手少的潜力爆款。

8 直播产品如何介绍？

产品分 7 个讲解维度，具体讲解内容可以结合产品特点进行调整。

① 产品展示：常规产品展示，让粉丝了解产品的基本情况。

② 产品背书：官方背书、明星代言、资质证书、检测报告、权威认证等，加强粉丝信任，获得认识认可，促进下单成交。

③ 产品优点：产地对比、口感对比、价格对比、种植技术对比、生产加工工艺对比、生长周期优势、产品强势卖点。

④ 优惠促销：组合销售、满减活动、秒杀活动、限时限量抢购等。

⑤ 粉丝互动：需求咨询互动、用户痛点交流、购买体验反馈活动，通过互动营造真实的销售氛围，刺激购买需求。

⑥ 细节讲解：现场试吃分享、现场加工制作讲解、现场测试对比等。

⑦ 消费场景：集市直播、村落直播、街头直播等。

9 抖音选品的底层逻辑是什么？

① 真实人设：账号具备真实人设，能与粉丝建立情感，获得粉丝信任。

② 网红效应：粉丝爱屋及乌，容易接受产品推荐。

③ 专业水平：账号具备一定的专业能力，比如食品类账号，要对食品的原材料、加工工艺、安全包装等有全面的了解，为粉丝提供专业化咨询、讲解，帮助粉丝降低选择成本。

④ 用户痛点：结合粉丝痛点、需求选品，产品解决粉丝痛点，转化率自然不低。

10 如何塑造产品价值？

① 种植成本：种植难度大、培育周期长、人力成本、物料成本等。

② 加工成本：手工制作、先进生产工艺、先进生产设备、加工工序多、加工难度大等。

③ 稀缺性：品种稀缺性、工艺稀缺性、独家资源、产量有限等。

④ 营养价值：营养价值高、富含微量元素等。

⑤ 其他成本：采摘难度大、运输成本高、损耗大等。

例如：高原藜麦、新疆沙棘、丹东草莓售价虽然高，但销量一直居高不下。

11 选品常见问题有哪些？

① 主观选品。

② 随缘选品。

③ 无关联选品。

选品失误会使账号定位与粉丝画像偏离，影响短视频及直播数据和转化率。

正确选品流程：结合账号定位→复盘直播数据→复盘成交数据→查看购买粉丝画像→选择商品类型及价格→商品关联→评估选择→测试→正式选品入库。

12 直播间选品策略

① 始终以粉丝需求为关注点，收集每场直播互动区粉丝诉求，预测粉丝偏好。比如2022年秋天，围炉煮茶迎合了大多数年轻粉丝群体的消费偏好，茶器、茶包成为热销产品。

② 结合主播人设，选品匹配标签。比如三农企业账号可选高端农产品，普通种植户定位匹配常规款产品。

③ 严控农产品质量及物流运输能力。重点关注农产品运输过程的冷链要求和对运输时长的要求。

④ 结合农产品地域、季节、品种差异，寻找地理标志产品。例如三大热销苹果：洛川苹果、阿克苏冰糖心苹果、天水花牛苹果，因地域、季节的差异造就了口感、价格的差异。

13 直播选品的四大原则是什么?

① 好商品是信任的基础。

② 迎合粉丝需求。

③ 先聚焦主销品，随着流量的平稳扩展品类。

④ 选品不断迭代。

14 直播带货选品六大核心标准

① 高性价比。

② 潜力爆款。

③ 实用性强。

④ 易展示。

⑤ 品相好。

⑥ 复购率高（快消品）。

15 直播间排品原则是什么?

让合适的产品在合理的时间节点爆发出基于产品定位最大的价值。

① 控制产品种类、总数。

② 排品符合逻辑。

③ 产品迭代有序。

16 如何布局直播间选品结构?

① 利润产品（15%）：直播间销售主力，针对核心挚爱粉。

② 新品（5%）：上新，满足粉丝新需求，主要针对铁粉。

③ 引流产品（15%）：吸引粉丝，增强互动，主要针对新粉。

④ 福利品（15%）：承接流量，促成交易。

⑤ 热销产品（45%）：核心卖点，活动主打款，主要针对钻粉。

⑥ 特色产品（5%）：产品差异性、独特性强，主要针对某细分客户群。

17 常规直播间如何排品？

引流款→福利款→热销款→利润款→特色款→新品→引流款→福利款→热销款→利润款。

18 什么是直播间爆品？

一场直播中 70% 的销售额来自单个或多个主推款，这些主推款就是爆款。爆品的价格不低，但销量却惊人。

爆款商品具备 3 个特点：性价比高、受众广、需求大。

19 打造爆品的核心逻辑是什么？

① 食品类爆品的核心是看起来美味、吃起来好吃。

② 服饰类爆品的核心是模特穿着好看、买家穿着不赖。

③ 家居类爆品的核心是设计有创意、用起来省力。

④ 起步阶段精准投放，让账号粉丝画像越来越精准。

20 什么是爆品影响力评估模型？

爆品影响力评估 = 选品（50%）+ 运营（30%）+ 服务（20%）。

打造爆品，应将 50% 的精力用于选品，选品质量和产品性价比决定了转化率；30% 的精力用于千川投放技术；20% 的精力用于售前服务、发货率和售后服务。

21 什么样的产品属于潜力爆品？

① 近 1 天销量 ≥ 200 件。

② 近 30 天无上榜。

③ 同款产品商家竞争小。

④ 在售商家销量属平缓趋势。

22 3种常用的测品方法是什么?

① 千川测品:用提前预选的爆品、引流款,结合千川循环投流、拉升,监控数据测出爆品。

② 单品测试:预计GMV2000~3000元,单场直播1小时,成单计划占2/3、点击计划占1/3,直播结束复盘数据。

③ 短视频测品:对标热门同款视频,每天发布5~10个创意视频,借助DOU+加速曝光,对比短视频评论、点赞和互动率测算爆品。

23 什么是形象款?形象款具备什么特点?

如果一个直播间的产品价格都是9.9元、19.9元、29.9元,粉丝会觉得这个直播间像线上地摊店,产品档次都比较低。这种情况下可以设置形象款,提升直播间形象,提升好感度,并增强粉丝信任度。形象款具备3个特点:高品质、高调性、高单价。

例如,一家富平当地柿饼企业通过直播间销售柿饼,商品链接中主要是9.9元的试吃装、49元的家庭装、69~99元的柿饼礼盒,除此之外,还有一款精装柿子王礼盒(12颗柿饼售价为1888元)。

24 直播选品依据是什么?

(1)从粉丝角度。

登录抖音创作者后台或者其他短视频直播数据分析工具(如蝉妈妈、抖查查),了解账号的粉丝画像。

关注粉丝的手机品牌,手机品牌在一定程度上反映了消费层次。

对于三农账号,如中年女粉较多,可侧重选择家庭用品、生活用品,中年女性鞋服、护肤、美妆用品;如中年男粉较多,可侧重选择数码、汽车、家电、科技产品,中年男性鞋服等产品。

(2)从带货账号角度。

优先选择直播账号垂直领域的商品,比如三农美食账号优先选择调料、预制菜、方便食品、生鲜食材、水果蔬菜等产品。

当粉丝黏性稳定后,可以尝试拓展其他类目的产品,逐渐丰富带货品类。

25 如何为产品定价?

① 根据主播人设为产品定价。

② 根据粉丝职业、年龄定价。

③ 根据粉丝使用手机的品牌定价。

④ 根据以往直播间数据、客单价水平定价。

26 单一品类组品策略

① 品类:全部为同一品类,比如冲泡型银耳羹。

② SKU 数量:常见情况为 6~8 款,主推其中 3 款产品。

③ 优势:成本低,操作简单。

④ 缺点:受众单一,转化成本高,依赖精准投流。

27 垂直品类组品策略

① 品类:全部为同一品类及相关产品,比如豆浆粉、芝麻糊、银耳羹。

② SKU 数量:垂直品类直播间 SKU 数量多,直播选品应结合数据定期更新。

③ 优势:针对一类用户,转化率高,增长潜力大。

④ 缺点:货品垂直,粉丝垂直,不易拓展品类,投流成本高。

28 多品类组品策略

① 货品类别:通常包含了 5 个及以上的产品品类,如生鲜、粮油、零副食品、家居用品、服饰等。

② SKU 数量:常见为 50~100 款产品。

③ 商家类型:适合明星、达人。

④ 优势：品类多，受众广，粉丝互动强，停留长。

⑤ 缺点：粉丝需求多样化，对主播的控场能力要求高。

29 品牌专场组品策略

① 货品类别：全部同一品牌或衍生品牌产品，比如"丹心可鉴""西域美农"。

② SKU 数量：一般品牌专场 SKU 数量在 20~50 款之间。

③ 商家类型：适合明星、达人、品牌自播。

④ 优势：品牌背书、价格优势、转化率高。

⑤ 缺点：品牌货品种类有限，直播数据不敌多品类直播。

30 直播组品的注意事项有哪些？

① 不能为了人气，选择与热销款不相关的引流款。引流款和热销款对标人群应基本一致，如果人群差别大，就会出现羊毛党。如果引流款是施工手套，热销款是儿童玩具，2 款产品的对标人群没有关联，羊毛党 0.1 元抢购手套之后，不会继续购买热销款儿童玩具，那么这款引流产品引入的流量无法进行二次转化，说明组品不合理。

② 利润款和热销款最好是互补产品。例如，用户购买 2 号链接热销款（牛排），发现 3 号链接是利润款（精致的牛排煎锅），用户很可能再买一个牛排煎锅（利润款），同时对牛排煎锅的价格不敏感。利润款和热销款强关联，有利于提升直播销售额和利润率。

③ 对比款和主推款是相似的，2 个产品看起来差不多，但对比款的价格明显偏高，能够突显主推款的性价比特别高，从而让用户的决策成本降低。例如某品牌直播间普通装卤牛肉设置了 2 个 SKU，1 斤装 89 元，2 斤装 139 元。1 斤装卤牛肉属于对比款，用户比对单价都会选择 2 斤装卤牛肉。

④ 在组品时一定不要忘记形象款。形象款品质高端、价格昂贵，提升了直播产品的整体档次，但不是以成交为目的。例如，在服装类直播间，

主播穿搭总是搭配一款LV皮包，目的是提升服装在粉丝心目中的档次。

31 通过引流款将直播间拉到千人在线，但是一卖利润款就掉人是什么原因？

① 没有选对可承接流量的爆款。

② 爆款和引流款的差异化太弱。

③ 爆款性价比不高，不符合粉丝的需求。

④ 福利款吸引来的粉丝和爆款吸引来的粉丝不一致。

32 直播选品的常规步骤

① 选择目标市场就是精准对标粉丝群体。

② 结合粉丝群体特征（如年龄、饮食习惯、兴趣爱好等），选择产品类目。

③ 借助数据工具，在选定类目里确定具体要卖的产品。可在平台上寻找爆款产品，也可自行开发生产产品。尤其是特定的时节、地域等消费热潮，如新疆大列巴、红薯酸辣粉、东北黏豆包、黄米汤圆等。

④ 选择供应商。选择信誉良好、品控能力强的供应商能有效防范售后问题。

33 选择产品品类的具体方法

① 关键词选品：结合搜索量、商品关联度、搜索结果数。

② 关注地域、人群特征、季节、节假日。

③ 关注热搜、发展潮流。

④ 跨平台选品。

34 常用的选品工具有哪些？

常用的选品工具有：抖查查、飞瓜、蝉妈妈、抖音后台、精选联盟。可以通过查看热销商品榜、商品精选、星选、对标账号的货盘来选品，还可以借助淘宝、拼多多、小红书、天猫、京东、考拉、唯品会、苏宁易购等其他电商平台进行选品。

35 三农账号有哪些可以带货的品类？有什么特点？

① 服装、饰品、鞋帽箱包、护肤——女性消费者居多，易冲动消费。
② 食品、日用百货——快消品，复购率高、受众范围广。
③ 家居、图书、母婴、数码、床品——细分垂直领域、竞争小。

36 抖音直播不能卖的商品有哪些？

服装类：野生保护动物皮草，未经授权印制涉及版权的卡通形象、知名 logo 的服装。
食品类：减肥药，虫草、鹿茸、人参等医疗保健功效药材，以及昆虫宴。
玉石文玩类：未开凿的原石、古董文玩等。
医疗类：医疗器械、医美器材、任何药品相关产品（包括保健药、酒）。
高仿制品：高仿名牌手表、首饰、黄金饰品、鞋服箱包类。
化妆品类：自制化妆品、代购、高仿品。

37 适合小白快速出体验分的抖音小店选品方法

① 参照同行选品：新手入行最好的选品方法就是模仿，可参照同行选品，但一定要确保产品的差异化。
② 选择新奇有创意的产品：食品赛道爆品层出不穷，比如酸辣粉、速食银耳羹、核桃枣糕、燕麦酥、小米酥等。
③ 时效性节日选品：新年创意红包、大黄米汤圆、杂粮粽子等。

38 什么是六段排品法？

六段排品是直播间最常见的组货排品法。
AB 宠粉款 +CDE 利润款 +F 憋单款（限时限量开库存）。
持续在直播间渲染 F 憋单款价值，延长讲解时长、不投放，将直播间流量拉到高峰。

如果企业或供应链有几十款甚至上百款产品，也不建议同时放很多产品，以免分散消费者的注意力，分散主播运营团队的精力，只要按照六段排品法做好产品组合就行，持续引流与转化。

39 什么是三品组合法？

引流款 + 热销款 + 利润款。

① 引流款用于吸引粉丝，结合憋单、福袋、红包，提升在线人气，拉长停留，获得平台流量加持，引流款与热销款对应的粉丝画像要一致。

② 热销款承接流量，通过讲品、互动、展示等，全面展示产品，让粉丝在消费的过程中有娱乐感、体验感，做好转化率。

③ 利润款针对挚爱粉，用于拉升整场直播的销售额和利润率。

40 什么是单品爆破？适合哪类商家？怎么卖？

单品爆破指某账号短视频、直播一直卖1~2款且销量可观。适合厂家、种植户、供应链企业。例如"南瓜二姐""李丹丹种红薯""自己家做的红薯粉条"。

具体操作：通过场景、创意、素材内容，围绕单品拍摄短视频，持续输出。单品直播间主要靠短视频引流及千川投流，吸引用户，提升转化，不断测素材，持续转化。

41 如何选择憋单款？

① 可以跨类目选择，但必须有关联。

② 憋单款和热销款对标的粉丝群要一致。

③ 憋单款和热销款在同一个使用场景，例如：卖红薯的直播间可以用刮皮器作为憋单品，卖火锅食材的直播间可以用鸳鸯火锅作为憋单品。

④ 产品大众，价值公认，无须赘述。

⑤ 憋单款产品品质好，口碑分高，赢得粉丝信任。

⑥ 憋单品的产品和定价要能筛选出热销款的目标客群，为正常直播 GMV 做好铺垫。

42 直播间商品上多少款合适？

直播间商品数量取决于品类、主播、直播间类型。

① 打造单品爆破，主打 1~2 款即可。单品爆品账号对标粉丝需求标签精准，账号越做，用户越精准，转化率越高。单品爆破要将粉丝需求与选品高度匹配，例如高叶酸玉米对标的人群一定是叶酸补给群体：孕妇群体、高血压群体、糖尿病群体、抑郁症患者。

② 新号直播可上架 5~6 款产品。结合促销、福袋、秒杀活动，拉停留、转正价。

③ 达人带货、品牌旗舰店、明星直播可上架几十款产品。流量充沛，粉丝黏性高，配合娱乐方式（说唱）快速报价过款，实现高转化。

43 结合少年消费者人群，分析直播选品

① 少年没有主动消费能力，消费行为由父母决定。
② 消费偏好从众，易受营销话术、视觉宣传影响。
③ 不注重实际需求，偏好产品颜值、新奇独特性。
热门选品的类目：零食、玩具、鞋服、图书、文具等。

44 结合青年消费者人群，分析直播选品

① 追求时尚新颖，愿意为调性付费。
② 自我意识较强，追求个性、独特。
③ 偏重感性思维，容易冲动消费。
热门选品的类目：生鲜、时尚玩具、家居用品、潮流鞋服、方便食品等。

45 结合中年消费者人群，分析直播选品

① 个性稳重、心理成熟，注重质量性能。

② 责任重、经济压力大，消费决定理性。

③ 营销种草难度大，偏好计划购买。

热门选品的类目：生鲜、家居用品、鞋服、食品、家具建材等。

46 结合老年消费者人群，分析直播选品

① 收入有限，计划支出。

② 偏好节俭，理性购买。

③ 建立信任，黏性较强。

热门选品的类目：生鲜、家居用品、鞋服、食品、理疗用品等。

47 结合男性消费者特点，分析直播选品

① 消费不频繁，需求不强烈。

② 消费需求单一被动，购买选择固化。

③ 质量可靠、风格简约、力量与科技感并存。

热门选品类目：电子产品、食品、鞋服、户外用品、工具用品等。

48 结合女性消费者特点，分析直播选品

① 消费兴趣广泛，消费欲望强烈。

② 偏好有美感，注重个人消费。

③ 重视商品外观、质量、价格。

热门选品类目：美妆护肤、鞋服箱包、食品、家居用品等。

49 直播间纯付费投放如何选品？

① 产品要有充足的利润率，毛利率要保证在 70% 甚至是 80% 以上。

② 选择垂直类的赛道，在大类目下的细分渠道，利用巨量千川投放，

抢精准流量。例如：三农账号卖渔具、户外用品等。

③ 组品上要产品丰富。针对新、老粉丝，通过价格差异策略，实现高转化率。

50 直播间非纯付费如何选品？

如果直播间是非纯付费的，那么付费的目的仅仅是引流，所以必须建立具有流量承载能力的选品矩阵。

理想选品矩阵＝引流款（10%）+福利款（15%）+热销款（55%）+利润款（20%）。

51 常用选品清单（表5-1）

表5-1　常用选品清单表（样表）

序号	品牌	类别	名称	原价	直播价	图片	库存	卖点	推介话术	备注
1										引流款
2										秒杀活动
3										福袋活动
4										福利款

52 直播选品——产品自评六维度

① 产品外观：赏心悦目，便于展示。

② 产品质量：严格把控，反复测试。

③ 功能特性：受众广泛，新奇创意，容易操作。

④ 生命周期：优选新品，运营充分。

⑤ 产品定价：利润可观，佣金合理。

⑥ 产品评价：重点监测，好评率85%以上。

53 直播选品——商家评估三维度

① 发货速度：优先考虑现货库存商家，下单3天以内发出，避免出现不能按时发货的问题。

② 售后处理：7 天无理由退换，运费险、客服效率等。
③ DSR 评分：店铺 DSR 评分在 4.4 分以上。

54 直播选品——市场需求评估

① 时令水果：草莓、菠萝、西瓜、柑橘等。
② 节日产品：对联、红包、粽子、月饼、汤圆等。
③ 热销爆品：冻干银耳羹、网红大列巴等。

55 直播选品——选品渠道评估

① 自有渠道：传统电商转型账号，结合淘宝、拼多多、京东等平台数据，结合抖店销售数据选品。

② 外部渠道：对标达人销售数据、蝉妈妈热销榜、近 7 天销量排序、线下商家推荐、粉丝反馈。

56 如何借助精选联盟的产品线索选品？

进入抖音账号→"我"→"商品橱窗"→"选品广场"→输入关键词"荞麦面"。

查看综合推荐选品：综合参考销量、销量排名、月销量、商家体验分，寻找合适产品。

注意：应满足月销量 >5000 单，且商家体验分 >4.5 分。

57 如何借助精选联盟的店铺线索选品？

进入抖音账号→"我"→"商品橱窗"→"选品广场"→输入关键词"黄米汤圆"→点击店铺。综合参考销量、销量排名、月销量、商家体验分，寻找合适产品。

注意：商家月销量最好 >2000 单，商家体验分 >4.5 分。

58 如何借助类目线索选品?

浏览器搜索蝉妈妈（电脑版）→登录账号→抖音分析平台→"找商品"→选择类目→点击"有视频带货"→点击"视频带货为主"→看下方商品销量情况进行选品（图5-1）。

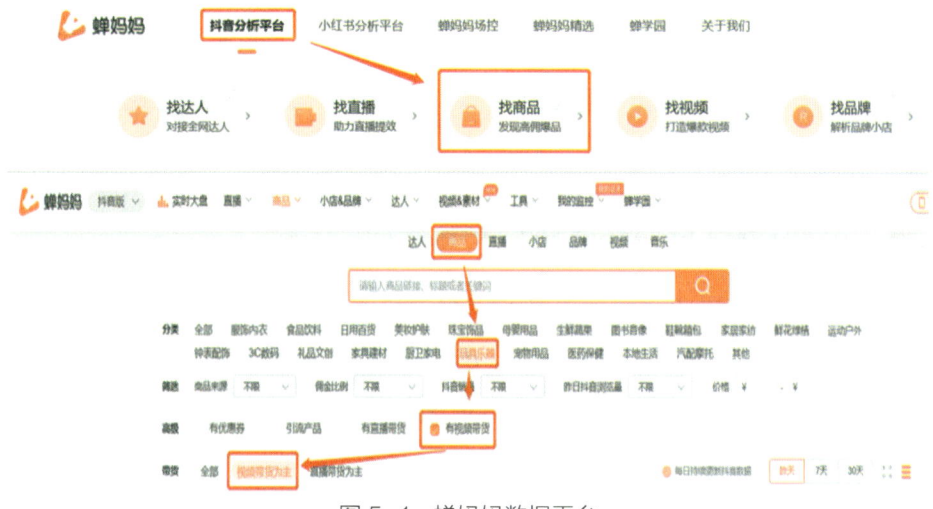

图 5-1 蝉妈妈数据平台

59 如何使用电商罗盘选品?

进入抖音小店后台→"电商罗盘"→"搜索分析"→选择"行业搜索词"→按榜单（热搜榜、飙升榜、高潜力热词榜）→按意图（商品、人、内容）→选择行业，选出热度指数高、成交指数高、成交转化率高、点击热度指数高的关键词去选品，优化产品标题。

60 如何借助巨量千川选品?

进入巨量千川→"新建计划"→"搜索广告"→"添加关键词"（根据行业关键词特点去搜索），选择按月搜索量高低排序查看搜索量、成交量等数据和近期搜索趋势。

巨量千川的搜索流量分析也可以用来辅助选品，而且免费。

61 千川选品注意事项有哪些?

① 商品成本控制：根据千川数据，千川单品售价多集中在199元以内，爆品客单价在99元以内。

② 库存梳理：短线产品（售卖周期1~3个月）在2000件以内，长线产品（售卖周期3~12个月）在5000件以内。

③ 商品资质：营业执照（商品属于经营范围内）、商标资质（有授权）、行业资质（生产许可证、食品生产许可证等）、特殊资质（质检报告、鉴定报告）等。

62 如何判断产品是短线还是长线?

符合以下特征的产品属于长线产品，反之属于短线产品：
① 产品无时令特征，可全年销售。
② 消费受众很广，无年龄、性别差异。
③ 成本规模效应，产量灵活可控。
④ 售后问题少，物流无特殊要求。

63 如何选择新品?

① 拓展爆款同类需求。对标爆款，分析受众人群需求，延展卖点，做同类产品。例如对标爆品大肚杯，推出了保温大肚杯。

② 拓展全新类产品。在某爆款同类一二级类目下延展，形成全新产品，彼此有联系。例如瓶装速食燕窝、瓶装速食银耳羹。

③ 完全的新品。例如火遍全网的冻干银耳羹。

64 如果商家有资源、有工厂，是否适合开抖店借助抖音卖货?

通过以下6个维度评估：

① 产品特征及卖点情况。产品是否特征显著、卖点多，与消费者使用场景是否有很强的关联。

② 外界时令特征。是否有时令特征、淡旺季，是否有营销节点，是否有热度。

③ 广告表现特征。是否易于线上展示，能突出卖点，吸引用户。比如山药脆、芋头片的特点是酥脆诱人。

④ 市场竞争预估。产品的市场竞争情况，相似款的生命周期，生产竞争情况等。

⑤ 产品产能灵活度。生产成本是否有优势、生产工艺简繁、工期、产能产量等情况。例如陕南腊肉，生产周期长、产量有限，不太适合达人带货。

⑥ 产品受众人群情况。结合平台消费人群查看产品消费受众及受众广度。

产品卖点越多、受众范围越广、时令性越强、线上展示越生动、产能越灵活可控，则抖音带货前景越乐观。

65 如何使用商机中心选品？

抖音小店后台的商机中心有精选爆款、蓝海商机、专属商机。这里呈现的产品是平台的大爆款（精选爆款），或者是搜索量高但又稀缺（蓝海商机）的产品，如果展示得当，上架就有流量。

66 什么是蓝海商机？

蓝海商机：指抖音汇总的用户需求量大，但是平台又比较紧缺的商品。作为三农账号，如果有种植和生产保障、供应链支撑，就可以找到蓝海商机的同款商品或同纬度的商品，创建同款发布，很可能会蹭到流量。

67 直播间产品的深度优化方向

① 爆款产品价值的深度延展：针对爆款产品深度延展，很可能及时挖掘第二款爆品。

② 组合营销：针对热销款要匹配组合产品，带动 GMV。

③ 竞品调整：当发现组品中有产品与爆款形成竞争时，要及时衡量爆款产品的价值与其远期价值，对竞品进行调整。

68 三农账号选品共性痛点

① 初级农产品的标准化程度低，售后问题较多。
② 初级农产品的利润率低。
③ 初级农产品的物流运输要求高、成本高。
④ 农产品加工品技术的壁垒低，同类产品竞争激烈。
⑤ 手工制品的人工成本高、产量低、售价高，市场接受度有限。

69 三农账号直播带货的困境

① 主播售卖以叫卖吆喝式为主，简单粗暴，影响观感和停留。
② 内容营销创新较少，且缺乏场景感。
③ 依赖达人带货情况显著，利润率被压缩。

6 店铺篇
（抖音平台）

1 抖音小店是什么？

抖音小店是指在抖音平台开店铺，类似于在淘宝平台开店铺。

2 抖音小店开通需要什么材料和资质？

① 可选材料：品牌资质，行业资质。

② 主体资质：营业执照、法定代表人/经营人身份证、银行账户信息。

③ 商品资质：国家认证资质、特殊材质等资质要求。

④ 行业资质：商家经营所属行业要求的相关资质，如食品经营许可证、食品生产许可证等。

⑤ 品牌资质：与品牌相关的商标文件、授权文件等资质材料。

3 商品橱窗是什么？

商品橱窗是指抖音的电商功能，是能够在视频和个人主页添加抖音商品的功能。橱窗的意义在于能将商品展示在短视频或直播中。

4 商品橱窗有哪些开通条件？

① 抖音账号粉丝不足 1000 个时，可开通橱窗带货；达到 1000 个及以上时，可直播与短视频挂小黄车。

② 发布公开原创视频 >10 条。

③ 抖音账号绑定手机号，并实名认证。

④ 缴纳保证金 500 元。

⑤开通收款账户。

如果已开通了抖音小店,再申请抖音橱窗时就没有粉丝数和发布短视频的要求。

5 商品橱窗的功能是什么?

①在账号首页展示商品橱窗。

②在短视频中添加小黄车,展示商品,便于粉丝下单。

③具备佣金结算系统。

6 抖音小店和商品橱窗有哪些区别?

从概念上来说,商品橱窗是抖音的电商功能,抖音小店是抖音上开的店铺。

①经营主体不同:商品橱窗适合无货源达人,抖音小店适合有货源商家。

②经营方式不同:达人只需要拍短视频或直播运营账号,通过开通商品橱窗带货即可;经营抖音小店的商家不需要运营账号,只需经营店铺即可。

③收益提现方式不同:抖音小店是商家自己的店铺,除平台扣除部分,剩下的收益全归商家所有,商家通过后台可查看和管理资金。商品橱窗是第三方推广,达人通过商品橱窗仅赚取佣金,佣金比例由商家设置。

7 开通抖音小店对营业执照的要求有哪些?

①需提供三证合一的营业执照原件、扫描件、加盖公章的复印件。

②确保企业经营状况正常。

③所售商品在营业执照经营范围内。

④距营业执照有效期截止时间超过3个月。

⑤证件清晰、完整、有效。

8 开通抖音小店的渠道是什么?

入驻抖音小店有 2 个渠道:电脑端和手机端。

① 如果是通过手机端登录的抖音账号注册小店,抖音账号一旦违规被封,小店也会被封禁。手机端仅支持普通店铺入驻。

② 通过电脑端注册抖音小店,每个抖音小店可以绑定 5 个主播账号,某个主播账号被封禁,不影响小店的正常使用。所以建议用电脑端注册抖音小店。

9 哪种店铺支持变更店铺类型?(表 6-1)

表 6-1 店铺类型变更对比表

当前店铺类型	个体店	企业店	专营店	专卖店	旗舰店	官方旗舰店
入驻成功后可变更的店铺类型	不支持变更	专营店、专卖店、旗舰店、官方旗舰店	企业店、专卖店、旗舰店、官方旗舰店	企业店、专营店、旗舰店、官方旗舰店	企业店、专营店、专卖店、官方旗舰店	企业店、专营店、专卖店、旗舰店

① 企业主体可申请企业店、专营店、专卖店、旗舰店、官方旗舰店,个体工商户不能申请以上店铺类型。

② 企业店可变更为专营店、专卖店、旗舰店、官方旗舰店;专营店、专卖店、旗舰店、官方旗舰店可变更为企业店。

③ 卖场型旗舰店和商场暂不支持店铺类型修改。

④ 针对企业店、专卖店、专营店、旗舰店、官方旗舰店,支持在不影响店铺正常经营的情况下,修改店铺类型,同时保留经营数据。

10 如何进行店铺类型变更?

使用主账号登录"商家后台"→"店铺"→"店铺设置"→"店铺升级",可进入店铺类型的变更操作页面。(图 6-1)

图 6-1　店铺类型变更页面

11 变更店铺类型时，需要满足相应店铺类型对品牌的要求是什么？（表6-2）

表 6-2　店铺类型与品牌要求对比表

企业店	专营店	专卖店	旗舰店	官方旗舰店
①品牌力要求： ·低（新创品牌）/中（成长期品牌） ②品牌资质要求： ·由商标权利人为源头的，授权到开店主体的完整授权关系的授权文件（授权书）	①品牌力要求： ·中（成长期品牌）/高（知名品牌） ②品牌资质要求： ·品牌资质须提供2个及以上自有或授权品牌 ·1个类目下至少包含2个品牌（支持普通授权品牌或自有品牌） ·其他类目包含1个或多个品牌均可（支持普通授权品牌或自有品牌） ·授权须为三级及以内的品牌授权自有/授权品牌：商标为R标或TM标均可	①品牌力要求： ·中（成长期品牌）/高（知名品牌） ②品牌资质要求： ·品牌资质须提供1个或多个授权品牌 ·多个授权品牌须属于同一商标所有人 ·授权须为二级及以内的品牌授权 ·授权品牌：商标为R标或TM标均可	①品牌力要求： ·中（成长期品牌）/高（知名品牌） ②品牌资质要求： ·品牌资质须提供1个或多个自有或授权品牌 ·可经营1个或多个自有品牌 ·可经营1个或多个一级独占授权品牌，多个授权品牌须属于同一商标所有人（不能同时经营自有品牌和授权品牌） ·授权须为一级及以内的独占授权 ·自有/授权品牌：商标为R标或TM标均可	①品牌力要求： ·高（知名品牌） ②品牌资质要求： ·品牌资质须提供1个或多个自有或授权品牌 ·如为多个授权品牌，品牌须属于同一商标所有人 ·如为授权品牌，须为官方独占一级授权 ·可切换旗舰店品牌归属，所有品牌授权对应的品牌类型均须与官方旗舰店品牌归属保持一致

12 店铺变更提交审核后的特别说明

（1）审核中不允许新建及编辑品牌资质。

店铺类型审核中，不允许新增品牌和编辑品牌，只有当店铺基本信息审核通过或不通过后，才可以新增品牌和编辑品牌。审核通过后，平台将对所有未被关联的品牌做失效处理，且失效品牌将不对商家展示。

（2）未被关联品牌对应的商品将会被下架。

审核通过后，所有未被关联的品牌及其对应的全部商品将会被做下架处理，商品依然展示在"商家后台"→"商品"→"商品管理"列表中，若商家仍需要售卖已被下架的商品，需要新建下架商品对应的品牌资质，且提交审核通过后，才能上架。若审核未通过，则原有的品牌资质不变。

（3）审核驳回后修改店铺信息(品牌信息)需重新提交店铺升级申请。

店铺升级审核被驳回后，如果商家对店铺信息或品牌信息有修改，再次返回编辑店铺升级信息时，系统会引导商家基于当前生效信息重新进入店铺升级流程，上一次店铺升级过程中填写的信息将被清空。

（4）资质信息或店铺信息处于审核中时，无法变更店铺类型。

若当前有处于"审核中"状态的资质信息或店铺信息，无法进行店铺类型和旗舰店品牌归属的修改。

13 抖音小店与商品橱窗的展示区别

① 抖音账号个人主页看到的"进入橱窗"或者"进入店铺"。如果开通了抖音小店，进入抖音小店后台可以设置主页是显示抖音店铺还是商品橱窗（图6-2）。

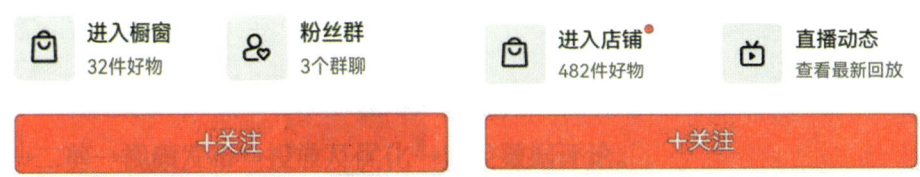

图6-2 个人主页中的橱窗与店铺

具体步骤：抖音后台→"店铺设置"→"店铺官方账号"，选择"主推店铺商品"或"主推带货商品"。

② 巨量百应的"橱窗商品管理"菜单只能管理"带货推荐"商品；对于自卖商品的管理，必须把巨量百应的"橱窗商品管理"切换至"查看自卖商品"，页面会跳转到"抖店"，再进行管理操作。

③ 抖音 App 的商品橱窗菜单只能管理"带货推荐"商品，自卖商品要到抖店进行管理操作。

14 什么是抖音门店？

线下实体店为了增加曝光量，可以通过抖音进行线上推广，主要是为了展示门店、销售团购活动。抖音门店是抖音本地生活板块（抖音来客 App）的主要功能。

15 蓝 V 认证是什么意思？

抖音蓝 V 就是企业认证，账号认证蓝 V 后，账号名称下方会有一个蓝色标识；账号认证蓝 V 后，权限会比个人号高一些。例如：发广告、账号主页添加店铺地址、电话以及营业时间，对实体店能起到引流的作用（图 6-3）。

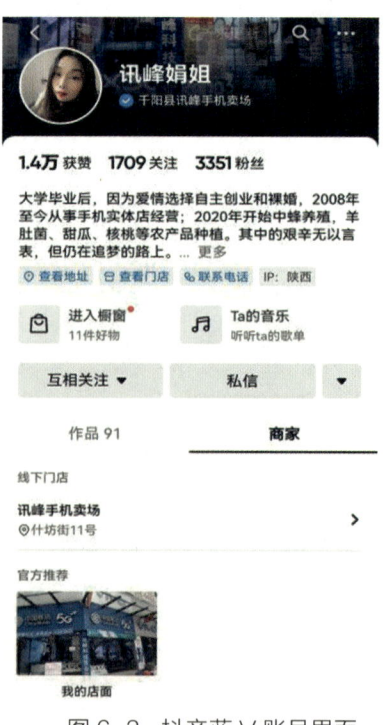

图 6-3 抖音蓝 V 账号界面

16 抖音商品橱窗、蓝 V 与抖店的核心区别是什么?

抖音商品橱窗、蓝 V 都是基于抖音的账号功能。抖音小店不同于抖音商品橱窗与蓝 V,它是一个独立的电商 App。

17 抖音小店的店铺类型有哪些?区别是什么?(表6-3)

表6-3 抖音小店店铺分类表

店铺类型	绑定账号	品牌	保证金	提现账号
个体店	1个官号,3个授权号,官方账号可0粉开播	无要求	A	个人对公
企业店	1个官号,3个授权号,官方账号可0粉开播	无要求	2A	对公
专营店	1个官号,10个授权号,均可0粉开播	知名品牌或成长品牌,≥2个品牌授权	2A	对公
专卖店	1个官号,10个授权号,均可0粉开播	知名品牌或成长品牌,1个或某商标下的多个品牌	2A	对公
旗舰店	1个官号,10个授权号,均可0粉开播	知名品牌或成长品牌,1个或多个自有品牌,多个1级独占授权品牌	2A	对公
官方旗舰店	1个官号,10个授权号,均可0粉开播	知名品牌,1个或多个自有品牌,平台邀约入驻	2A	对公

注:同类目保证金,企业类号是个人账号的2倍。

18 如何开通抖音门店入驻抖音生活服务平台?(图6-4)

① 下载抖音来客 App。

② 上传营业执照、法人身份证、银行卡、食品经营许可证(针对餐饮门店)。

③ 商家入驻后管理自己的门店信息,包括上架商品服务、入驻团购、营销推广、结算等全流程服务,方便对接探店达人和团购达人,关联直播。

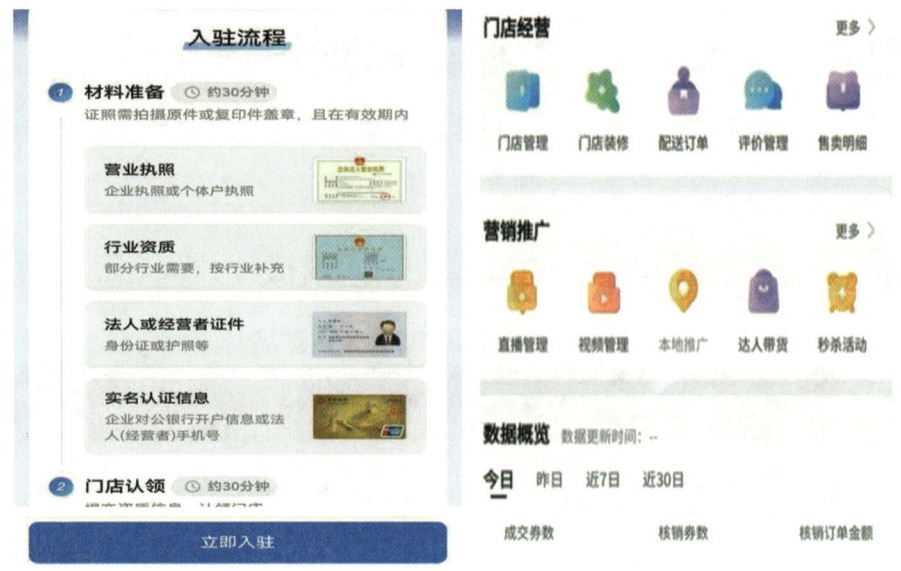

图6-4 抖音门店开通流程

19 入驻抖音生活服务平台的店铺可选择哪些模式？

① 单店。仅经营1家或多门店分开入驻。

② 连锁店。比如某品牌连锁店在本地开了20家店铺，可以入驻连锁店模式。

20 什么样的商家可以入驻抖音生活服务平台？

运动健身、生活服务、美食、购物、教育培训、住宿、游玩、娱乐休闲、美容美体、宠物、亲子等本地行业。

21 对于小白来说，应该先开通商品橱窗还是先开通抖音小店？

① 要明确是否需要卖自家货，如果需要卖自家货品，一定要先开通抖音小店。

② 开通商品橱窗首先要实名认证，当账号已经认证为个人账号，就不能再开通抖音小店了。

③ 抖音小店可以绑1个官方号、10个授权号，绑定的官方账号可免

费蓝 V 认证。

综上，应该先开抖音小店，再开商品橱窗。

22 新手运营抖音小店的一般流程是什么？

第一步：熟悉规则，避免违规。对于新手来说，先熟悉平台对商品发布的一系列要求，类目设置、主图、标题、详情页、发货模式等，如将商品类目设置错误，将面临扣减保证金的惩罚。

第二步：选品。选择类目、货源渠道，搭建商品矩阵。

第三步：完成店铺搭建。设置价格、佣金、店铺营销活动（熟练使用限时限量购、优惠券、满减、店铺券等营销组件）、新品发布等。

23 抖音小店如何通过精选联盟带货？

① 入驻条件：商家是否满足精选联盟门槛。
② 入驻审核：商家按流程入驻精选联盟。
③ 设置计划：商家为商品设置普通计划。
④ 对接达人：与带货达人建立合作与联系。
⑤ 带货合作：达人添加商品，推广售卖。

24 商家入驻精选联盟的条件是什么？

（1）商家体验分。

① 新商家：新商家（入驻成功 60 天内的商家）且无体验分时，暂不做考核。

② 老商家：店铺正常营业且店铺体验分高于 70 分（含 70 分）。

（2）商品标准。

商家在精选联盟平台添加推广的商品（创建推广计划的商品），品质退货率和投诉率需要满足一定标准，根据商品一级类目不同要求。

（3）新商家准入说明。

① 新商家（入驻成功 60 天内的商家）且无体验分时，暂不对体验

分进行考核,满足其他条件即可。

②新手期商家须通过经营合规动态考核,满足优质新手商家标准。

25 商家入驻精选联盟的流程是什么?

第一步:点击商家后台→"精选联盟"→"立即开通"。(图6-5)

图6-5 开通联盟页面

第二步:阅读协议内容,勾选已阅读方框,点击进入"巨量百应Buy in平台"。(图6-6)

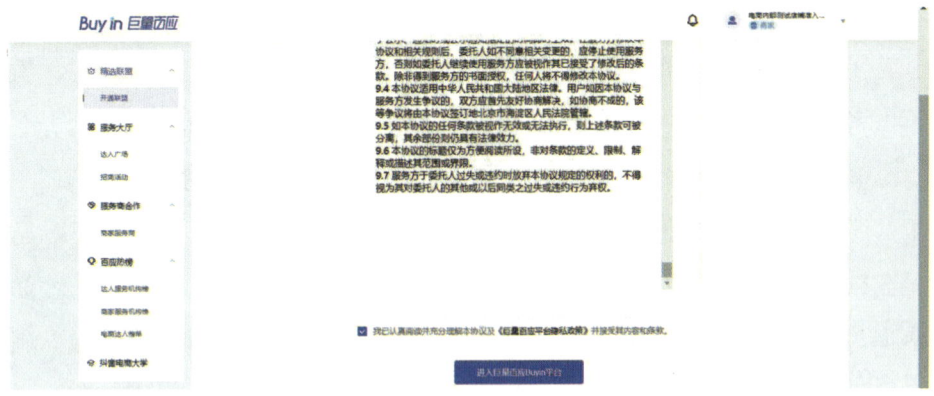

图6-6 Buy in巨量百应页面

26 达人如何添加售卖店铺普通计划商品？

电脑端：打开巨量百应平台→"精选联盟"→"选品广场"，搜索店铺，找到商品。

手机端：打开抖音→"商品橱窗"→"精选联盟"→"选品广场"，搜索店铺，找到商品。

27 设置普通计划的几点说明

设置普通计划，佣金设置为"1%,50%"。普通计划面对所有达人，商家设置普通计划，就不能再设置专属计划，与达人的合作属于达人自选模式。

28 运营抖音小店的常规操作是什么？

① 抖音小店后台→核心数据→抖音电商罗盘数据中心→分析核心数据（商品曝光、商品总点击人数、商品点击率、成交商品数）→优化商品。

② 分析主播数据。

③ 选品（参考精选联盟、抖音商城排行榜、达人、行业榜）→调整产品矩阵。

④ 跟踪订单处理情况，避免出现漏发、未按时发货等违规情况。

⑤ 主动对接达人，寻求商务合作。

29 抖音小店有哪些流量入口？

① 猜你喜欢流量池（抖音搜索框，待发货、待收货、待评价、我的订单、抖音商城）。

② 达人流量池（对于货源比较充分的商家，需要构建对接达人的商务团队）。

③ 精选联盟流量池（SEO 优化标题、关键词，增加产品展示机会）。

④ 官方付费推广流量池。

⑤ 视频和直播流量池。

30 为什么商品在抖店上架了，在橱窗却看不到？

① 商家在抖音小店上架商品，却没有将抖音账号与抖音小店绑定。

② 后台设置没有选择主推店铺商品。

③ 自己可以看到商品橱窗，而别人看不到，是因为没有完成10条短视频发布、没有缴纳保证金，导致没有真正开通商品橱窗。

31 如何提升抖音小店体验分？

① 改善商品体验情况（提升商品基础分，降低综合负向反馈），对于提升体验分影响最大。

② 改善物流体验情况（及时揽收，提升订单配送效率，降低物流品退）。

③ 改善服务体验情况（减少投诉，减少纠纷商责，降低IM不满意）。

32 抖音小店商品如何设置佣金？

最简单的设置佣金方法为低价低佣、高价高佣，如引流款设置5%～10%，福利款设置10%～15%，利润款设置20%～30%；也可以借助精选联盟"佣金助手"，对标同行给予佣金设置的指导。

33 如果已选择某个类目，入驻以后还能增加或修改类目吗？

可以，但增加或修改的类目必须在营业执照的经营范围之内。

① 抖音小店后台→"店铺"→"资质中心"→"行业资质"，点击"新建类目"或选择需增加类目，然后"提交"，等待审核即可。

34 什么是抖店类目报白？需要提供哪些资料？

报白即报白名单，其实就是抖音官方的定向邀约制。针对一些特殊类目，商家通过平台的入驻邀请及审查许可，才能发布对应类目的商品。

因类目不同，报白所需资料也不尽相同。一般需要提供以下几种资料：

① 企业营业执照（个体无法报白）。

② 食品类目需食品经营许可证。

③ 品牌资质：商标注册证、品牌授权资质。

④ 优势证明：全渠道的 GMV、第三方店铺证明、各种证书能证明实力的证书、文件等。

35 抖音账号如何绑定店铺官方号？

进入抖店后台→"店铺"→"店铺官方账号"→"立即绑定"→弹出二维码→用抖音账号扫码→"确认绑定"→绑定成功。

36 抖店绑定授权号的流程是什么？

官方旗舰店、旗舰店、专卖店、专营等绑定的流程：进入抖店的"经营者账号管理"→"店铺授权账号"→"渠道号"→"新增授权账号"→选择"店铺授权账号类型"→"店铺形象账号"→"授权账号命名"（品牌、类目、分类）→确定后生成二维码→用抖音账号扫二维码授权→完成绑定。

37 店铺官方账号绑定要求是什么？

① 官方旗舰店、旗舰店、专卖店、专营店、企业店、个体店必须且仅能够绑定一个认证企业号（蓝V标识），否则店铺将无法开通成功；个人店仅能够绑定非认证企业号（蓝V标识）账号（人店一体账号绑定功能逐步上线中）。

② 店铺主体需与认证企业号的主体一致。

③ 店铺未缴纳完成保证金不可进行人店一体账号绑定。

38 什么是商家体验分？

体验分是反映店铺综合服务能力的重要指标，该指标覆盖了用户消费全链路，可为商家提供店铺服务能力诊断和改善所需的数据支持。用户消费体验好的店铺分数更高，可获得更多的平台支持。

39 商家体验分指标由哪些部分构成？

体验分为百分制，最低为 50 分，由商家近 30 天内的"商品体验""物流体验"及"服务体验"三个评分维度加权计算得出，具体考核指标及考核周期如表 6-4 所示。

表 6-4　商家体验分指标构成表

评分维度及权重	细分指标	指标定义	考核周期
商品体验	商品差评率	商品差评率 = 近 30 天商品差评订单数 / 近 30 天物流签收订单数	近 30 天物流签收订单
		注：取用户首次评价结果	
	商品品质退货率	商品品质退货率 = 近 30 天物流签收订单中商品品质退货的订单数 / 近 30 天物流签收订单数	近 30 天物流签收订单
		注：取用户首次申请售后原因	
物流体验	24 小时支付 – 揽收率	24 小时支付揽收率 = 近 30 天支付订单中支揽在 24 小时内的现货订单数 / 近 30 天应揽收现货订单数	近 30 天应揽收订单
		注：无需发货订单、定制类订单不参与计算	
	48 小时支付 – 揽收率	48 小时支付 – 揽收率 = 近 30 天支付订单中支揽在 48 小时内的现货订单数 / 近 30 天应揽收现货订单数	近 30 天应揽收订单
		注：无需发货订单、定制类订单不参与计算，仅配饰、鲜花速递、花卉仿真、绿植园艺、服饰配件、潮品鞋服、花卉或绿植盆栽、定制珠宝文玩等考核 48 小时支付 – 揽收率，其他行业考核 24 小时支付 – 揽收率	

表 6-4（续）

评分维度及权重	细分指标	指标定义	考核周期
物流体验	订单配送时长	订单配送时长 = 近 30 天签收订单配送时长之和 / 近 30 天签收订单量	近 30 天物流签收订单
		注：订单配送时长是指订单从物流揽收到物流签收所用时长	
	发货问题负向反馈率	发货问题负向反馈率 = 近 30 天支付中产生发货问题负反馈的订单数 / 近 30 天支付订单数	近 30 天支付订单
		注：现货承诺发货时效内（发货慢）的负反馈不计入考核，预售订单支付后 48 小时内（发货慢）的负反馈不计入考核。	
服务体验	仅退款自主完结时长	仅退款自主完结时长 = 近 30 天每条仅退款售后单中等待商家操作时间总和 / 近 30 天仅退款订单量	近 30 天售后完结的仅退款售后订单
		注：等待商家操作时间为消费者申请退款到商家确认的时间	
	退货退款自主完结时长	退货退款自主完结时长 = 近 30 天每条退货退款（含换货）售后单中等待商家操作的时间总和 / 近 30 天退货退款（含换货）订单量	近 30 天售后完结的退货退款（含换货）售后订单
		注：等待商家操作时间为"消费者申请退货到商家确认" + "商家退货物流签收到商家确认"时间之和	
	售后拒绝率	近 30 天已完结的发货后售后订单中最后一次售后单结果为拒绝的订单量 / 近 30 天已完结的发货后售后订单总量	近 30 天完结的发货后售后订单

表6-4（续）

评分维度及权重	细分指标	指标定义	考核周期
服务体验	售后拒绝率	注：不支持7天无理由退货的商品只考核发货后商品品质问题申请售后的售后单；另外，以下几种情况的售后单不计入售后拒绝率考核：订单物流显示已签收，消费者因主观原因申请仅退款；商家拒绝售后申请后消费者申请仲裁，平台判定非商家责任；商家拒绝售后申请后，用户手动关闭售后。	近30天完结的发货后售后订单
	平台求助率	平台求助率 = 近30日支付订单中产生投诉或纠纷商责的订单数/近30日支付订单数	近30天支付订单
	IM平均响应时长	近30日工作时间消费者与商家飞鸽对话轮次的回复时长之和/近30天工作时间人工咨询对话轮次总数	近30天人工客服会话量
		注：只考核发起时间在8:00:00~22:59:59期间的人工客服会话，若用户发消息后，客服未回复，本轮回复时长记为10分钟	
	IM不满意率	IM不满意率 = 近30日IM差评（1~3星）数/近30日有评价IM数	近30天人工客服会话量
		注：只考核发起时间在8:00:00~22:59:59期间的人工客服会话	

综合体验分 = 商品体验得分 × 该项权重 + 物流体验得分 × 该项权重 + 服务体验得分 × 该项权重；

商品体验分值来源于近30天的商品差评率和商品品质退货率，并根据商家某基础单项指标在所处行业的综合排名计算得出；

物流服务分值来源于近30天的24小时支付－揽收率/48小时支付－揽收率、订单配送时长、发货问题负向反馈率，并根据商家某基础单项指标在所处行业的综合排名计算得出；

服务体验分值来源于近 30 天的仅退款自主完结时长、退货退款自主完结时长、售后拒绝率、平台求助率、IM 平均响应时长、IM 不满意率，并根据商家某基础单项指标在所处行业的综合排名计算得出。

40 体验分考核权重（表6-5）

表 6-5　体验分考核权重明细表

所属行业	商品体验	物流体验	服务体验	所属行业	商品体验	物流体验	服务体验
女装	40%	30%	30%	花卉/绿植盆栽	25%	35%	40%
鲜花速递/花卉仿真/绿植园艺	40%	20%	40%	书籍/杂志/报纸	40%	30%	30%
生鲜	25%	35%	40%	打火机/瑞士军刀/眼镜	40%	30%	30%
配饰	40%	30%	30%	玩具乐器	40%	40%	20%
美妆	40%	40%	20%	运动鞋服	40%	20%	40%
3C数码	25%	35%	40%	陶瓷	40%	20%	40%
汽车用品	25%	35%	40%	茶	40%	20%	40%
大家居	40%	40%	20%	滋补保健	40%	40%	20%
孕童鞋服	50%	25%	25%	婴童食品及用品	40%	20%	40%
内衣裤袜	40%	20%	40%	教育培训	40%	0%	60%
宠物食品及用品	40%	20%	40%	箱包	40%	30%	30%
家具家装	40%	20%	40%	学习用品	25%	35%	40%
女鞋	40%	20%	40%	孕产用品	40%	20%	40%
个护家清	40%	30%	30%	大件玩具	40%	30%	30%
定制珠宝文玩	40%	40%	20%	男鞋	40%	20%	40%
二手奢侈品	40%	20%	40%	礼品文创	40%	40%	20%

表 6-5（续）

所属行业	商品体验	物流体验	服务体验	所属行业	商品体验	物流体验	服务体验
食品饮料	25%	35%	40%	绿茶	25%	35%	40%
男装	50%	25%	25%	大件婴童用品	40%	20%	40%
服饰配件	40%	20%	40%	菩提/核桃	40%	20%	40%
运动户外	40%	40%	20%	假发及配件	40%	20%	40%
木作文玩	40%	40%	20%	酒水	25%	35%	40%
家电	40%	40%	20%	钟表	25%	35%	40%
农用物资	25%	35%	40%	二手数码百货	40%	30%	30%
本地生活	40%	0%	60%	翡翠玉石	40%	20%	40%
特色手工艺	40%	20%	40%	黄金珠宝	40%	20%	40%
潮品鞋服	40%	30%	30%	大件电器	40%	20%	40%

① 提升产品质量：优化产品矩阵，关注差评数据，提升产品性价比，加强品控管理。

② 合理产品描述：更正有歧义的描述，产品描述符合实际情况，增加容错描述。如更换外包装时做好告知，大促物流客服压力较大时做好容错描述。

③ 提高客服水平：及时、妥善处理售后问题，提供增值特色服务。

41 体验分应用于哪些场景？

体验分应用于流量扶持、平台营销活动提报、精选联盟准入等场景。

① 流量扶持：体验分越高，曝光机会越多。

② 结算账期：体验分越高，结算账期越短。

③ 广告投放限制：体验分低的商家，影响消耗速度。

④ 活动提报：商家体验分达到某一门槛时，可报名参加平台特定营销活动。

⑤【精选联盟门槛】商家体验分满足一定条件方可准入精选联盟。

42 商家货款结算日期细则

为平衡商家履约、信用力与商家货款结算周期的关系,平台将对履约、信用力表现不同商家设定不同的货款结算日期。(表6-6)

表6-6 结算日期细则表

商家类型	店铺维度	结算账期	其他说明
非0元入驻商家	新手期–新手商家	订单确认收货的30天后	商家开店后即进入新手期,新手期商家根据权益不同设置不同的结算账期,具体账期以新手期页面展示为准:小店后台–店铺设置–新手期管理点击查看出村进程,具体规则可查看《新手期商家管理规范》中的2.3新手期动态考核及限制。
	新手期–优质新手商家	订单确认收货的14天后	体验分更新的2天后,结算账期同步更新。
	体验分≥70分的店铺	订单确认收货的4天后	
	体验分<70分的店铺	订单确认收货的10天后	
0元入驻商家(且保证金未足额缴纳过)	新手期–新手商家	订单确认收货的30天后	
	新手期–优质新手商家	订单确认收货的21天后	
	非新手期商家	订单确认收货的21天后	0元入驻商家体验分不作为结算账期计算依据

注:
(1)结算账期变化时间在新手期状态或体验分更新后的2天后生效,新手期状态或体验分更新2日后,消费者下单的订单将以新的账期计算
(2)特殊类目规定羽绒服类目订单确认收货的10天后对商家货款金额进行结算

示例（如何判断订单结算时间）：

（1）非 0 元入驻商家。

第一步：判断订单支付时，店铺"t-2"是否为新手期店铺。

第二步：是，判断店铺"t-2"是新手商家还是优质新手商家（新手商家：订单确认收货的 30 天后；优质新手商家：订单确认收货的 14 天后）。

第三步：否，判断订单支付时，店铺"t-2"的体验分是否低于 70（是：结算时间为确认收货的 10 天后；否：确认收货的 4 天后）。

（2）0 元入驻商家（且保证金未足额缴纳过）。

第一步：判断订单支付时，店铺"t-2"是否为新手期店铺。

第二步：是，判断店铺"t-2"是新手商家还是优质新手商家（新手商家：订单确认收货的 30 天后；优质新手商家：订单确认收货的 21 天后）。

第三步：否，非新手期商家：订单确认收货的 21 天后。

43 1 个营业执照可以认证多少个抖音号？开多少个小店？

① 1 张身份证可以申请多个营业执照。

② 1 个营业执照可以认证 2 个企业抖音账号。

③ 1 个营业执照只能开 1 个抖音小店店铺。

44 抖音小店常用的工具有哪些？

① 抖店 App：小店后台操作软件，查看小店出单数据。

② 客服软件：飞鸽是抖音客服软件，主要处理售前售后消息。

③ 上货软件：抖搬家、妙手、抖小鸭等，一键采集其他平台的商品链接，获取商品信息。

④ 下单软件：妙手、抖店管家、逸淘等。

⑤ 选品软件：抖音小店 App 商品榜、飞瓜数据行业榜单、蝉妈妈、抖音精选联盟的排行榜。

45 开通小店后哪些操作会获得流量加持？

① 运费险：前期做店铺，可以在商家保障中心设置运费险，让用户无忧下单。

② 极速退：前期做店铺，开启急速退助手，同样帮助用户无忧下单。

③ 账号绑定：绑定官方账号、授权号，签署合同协议。

④ 精选联盟：将店铺商品加到精选联盟，佣金设置 20%～30%（商品利润允许的情况下）。

46 为什么店铺上传产品却提示审核不通过？

① 未完善提交相关资质（品牌资质、行业资质、授权资质、商品资质等证明材料）。

② 商品标题有诱导或功效夸大嫌疑。

③ 商品详情页文图可能出现第三方平台站外引流、敏感图文等违规字眼与嫌疑。

47 商家主动退出抖音小店流程

退店流程为："验证身份"→"申请退店"→"账户审核"→"签署协议"→"退还保证金"。

（1）验证身份。

如有"退店"需求，商家可点击进入"店铺"→"关店"，核对店铺相关信息，包括资质类型、店铺名称、店铺ID、公司名称、经营者/法定代表人名称等信息。信息缺失或者错误的，商家可在店铺基本信息中更新补充。

（2）申请退店。

店铺需同时满足以下条件后，方可申请退店：

① 开启关店公示满 30 日；

② 所有商品订单为交易完成或者交易关闭状态，且最后一笔订单完

成已满 90 天；

③ 无佣金欠款；

④ 无未结货款；

⑤ 无保证金欠款；

⑥ 无未结保费；

⑦ 无未结贷款；

⑧ 无未开发票；

⑨ 无未兑换蟹卡；

⑩ 活动保证金余额为 0 元；

⑪ 无未结算返点；

⑫ 无进行中的服务单；

⑬ 无其他任何未解决事项。

（3）账户审核。

商家提交退店申请后，需填写保证金退还的银行账户信息。平台将在商家提交后的 3 个工作日内完成审核。

个体工商户商家：商家可填写经营者个人银行账户或者店铺主体对应的对公银行账户。

企业商家：商家需填写店铺主体对应的对公银行账户。

（4）签署终止协议。

审核通过后，商家需点击"同意协议"签署"终止协议"。协议签署后，店铺将关闭。

（5）退还保证金。

保证金将在店铺关闭的 1~3 个工作日内，退回至商家填写的银行卡账户中。如需再次开启店铺，需在店铺关店完成后，使用营业执照重新入驻创建一个新店铺。

48 在什么情况下，商家会被抖音小店平台清退？

① 商家如因违反国家法律或平台规定被平台清退，平台将向商家发

出停业通知。自停业通知送达之日起，平台有权将店铺停业。

② 商家店铺被清退后，需自主操作退店，退店时除需满足"2.2.1"退店条件外，还需满足"店铺已接受平台的处理"或者"已与平台就违规情形协商一致并妥善处理"。

③ 商家店铺被清退后，仍需积极履行店铺内交易订单的售后服务义务，对于部分特殊状态的订单，平台有权进行如下处理：针对超时未发货或虚假发货的订单，若消费者发起退款申请，平台将会默认商家同意消费者退款请求，且商家需按照"商家发货行为管理规则"对体验受损的消费者进行赔付；针对发货时效内尚未发货的订单，若消费者发起退款申请，平台将会默认商家同意消费者退款请求；针对未签收的订单，如果消费者发起退款申请，平台将在消费者拒绝签收后默认商家同意消费者请求；针对所有在售后期内的订单，若消费者发起退货退款申请，平台将会默认商家同意消费者请求，商家需按照"商家售后服务管理规范"的规定履行后续的售后服务义务。

49 抖音账号如何申请账号解封？

① 联系客服，了解封号原因。

② 商品资质不全。抖音可能会扣除保证金，不足的补齐就可以解除封禁。

③ 商品涉嫌假冒。扣除保证金，并且停业整顿3天可解封；多次违规，店铺将永久封禁。

④ 第一次封店可申请解封，第二次封店不可申请解封。

50 什么是店铺释放？

当商家连续30日或累计45日无商品成交或无新发商品，平台有权将店铺设置为"置休状态"。商家经营的店铺处于置休状态超过60天时，店铺将被释放。平台将向商家发出释放店铺通知。自释放店铺通知送达之日起，平台有权将店铺停业。

店铺释放的时限为：

① 当店铺临近置休状态，系统会向商家发送站内信等相关提醒，提示商家发布商品，否则店铺将进入置休状态。

② 当店铺处于置休状态不超过60天时，如商家发布至少一件新商品，则店铺可恢复至正常营业状态。

③ 当店铺处于置休状态超过60天时，店铺将被释放。

7 流量篇
（抖音平台）

1 带货类直播三大流量入口

① 自然流量：平台免费推荐的流量，例如直播前设置位置是为了获得同城流量推荐。

② 付费推荐流量：付费投千川、Feed流量等，也就是通过付费获得流量推荐（图7-1）。

③ 短视频引流流量：通过短视频内容吸引粉丝主动点击进入直播间（图7-2）。

图7-1 Feed流直投直播间

图7-2 短视频引流直播间

2 什么是 Feed 流？

Feed 是一个单独工具，跟视频广告投放形式没有本质区别，视频广告依附于视频，Feed 流依附于直播，只是形式不同。Feed 流是基于巨量的广告投放体系，是抖音"直播间付费推广工具"。通过抖音推荐页，直接将客户推广的直播间呈现给用户，为带货直播间引入垂直流量，推广方案为抖音号 + 直播间。

3 Feed 投流适合哪些人群？

① 仅限小店身份广告主，一般创作者无法投放。
② 以转化为目标的商家。
③ 有预算、有产品操盘能力的商家。
④ 带货商品适合抖音直播，能有效控制成本与投入产出比。
⑤ 有流量承接、引导转化能力的直播间。

4 Feed 投流的内在逻辑是什么？

① Feed 投流要创建投放计划（设置预算，明确转化目标和投放人群，并进行出价），再正式投放。
② 用户在浏览推荐页内容时，会触发广告请求。
③ 对满足需求的广告按排序推送给用户。
④ 用户浏览广告后，会给出相应的转化行为。
⑤ 系统根据转化数据，识别高转化用户群体特征，再优化匹配，提升投流效果。

5 Feed 投流的特点是什么？

① 直播画面前置推荐，观看路径缩短，引流效果显著。
② 直观展示直播内容，刺激用户参与，有利于增粉。
③ 投放人群精准，灵活买量，持续优化引流效果。

6 什么是 DOU+？

DOU+ 是为抖音创作者提供的视频加热工具，增加视频曝光量，从而提高视频播放量及互动量等。DOU+ 可以投给自己的视频，也可以为别人的视频助力（图 7-3）。

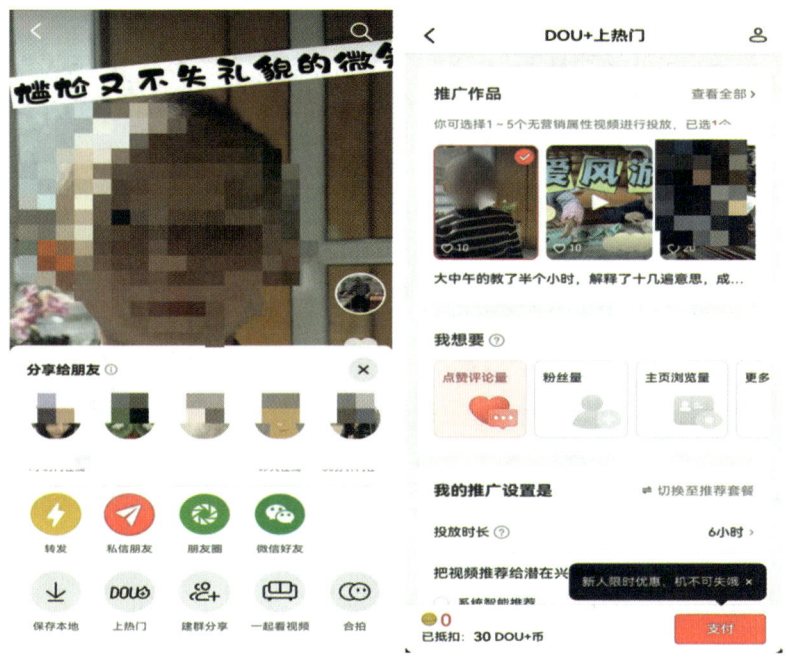

图 7-3　DOU+ 投放界面

7 DOU+ 投放的类型有哪些？

DOU+ 投放分为系统投放版和自定义投放版。

系统投放版（速推版）：可直接设置推荐人数（可控）、期望提升的项目，包括点赞量、评论量和新增粉丝量（实际情况不可控）。

自定义投放版（定向版）：可设置视频推荐对应的潜在用户群体。用户针对性较强。

8 DOU+ 有什么优势？

① 用户通过抖音 App 投放，不需要排期、不需要充值。

② 基于优质用户流量，快速投放，发现视频潜力。

③ 实时监控投放数据。

④ 没有任何金额限制，适合小白或一般创作者。

9 直播间投 Feed 流和 DOU+ 有什么区别？（表7-1）

表7-1 Feed 流与 DOU+ 的区别对比

区别	Feed 流	DOU+
投放端口	电脑端	手机端
投入成本	需在巨量开账户，开户金额 >2 万	加热直播间，100 块钱就能起投
绑定账号数	一个后台可绑 200 个个人账号，多账户需求，适合企业用户	同一时间只能投放 1 个直播间，针对个人用户
投放时长	随时暂停投放计划	设置好投放计划，中途不可暂停和终止
用户定向投放	精准投放	定向投放只针对用户画像
可提升的数据项	偏向提高直播转化	偏向提高直播热度

10 什么是小店随心推？

抖音小店随心推是商家通过移动端推广店铺的轻量级工具，商家在电商卖货的场景中投放流量、提升 GMV、检测投放效果等。抖音小店随心推投放门槛低、操作难度小、投入成本可控，可以用于助力直播或短视频。

11 小店随心推投放渠道

系统可以自动抓取资质，通过挂抖音小店的短视频、直播，进入个人中心打开小店随心推页面，即可开户投放。小店随心推无须提前充值，以订单形式随时投放，没有投放门槛，100 元起步。

12 小店随心推适用于哪些场景？

① 针对直播、短视频带货场景。

② 适用于助力内容加热，促进成交转化。

③ 适合小店商家、带货达人。

13 小店随心推投放人群怎么选？

① 智能推荐（无标签定位、流量广泛、受众广、覆盖度广的产品）。

② 自定义推荐（可定向、受众精准、受众单一、覆盖面窄的产品）。

③ 达人相似粉丝（受众精准，适合新账号定位打标签）。

14 小店随心推短视频投放的出价模式有哪些？

① 以提高转化率为目标的出价模式：优化目标出价，快速实现账号目标，保证转化。

② 以曝光量为目标的出价模式：按播放量出价，提升曝光量，但转化情况不乐观。

③ 自动出价，保证跑量；手动出价，控制成本。

15 小店随心推直播投放的策略（表7-2）

表7-2 投放策略表

预期目标	直播带货预算	投放时间
进入/商点	100元以上	短期快速拉升直播流量，半小时左右
加入粉丝团/评论	100元以上	短期快速拉升直播互动，半小时左右
下单/成交/支付	500元以上	提升转化，全程投放

16 巨量千川是什么？

巨量千川是通过兴趣及行为锁定精准人群，服务于商家更好地直播带货。目前有3种推行模式：小店随心推、PC端极速推行、PC端专业推行。3种模式共用一个账户，用同一个资金池。

现在的巨量千川包含了DOU+和巨量引擎的功能，整合了DOU+、鲁班、电商广告等多种电商广告能力。

17 巨量千川的功能和优势

① 支持图文、短视频、直播等多种带货形式，打造广告一体化投放平台。

② 一个账号满足了商家图文、短视频、直播等一体化的广告和营销需求。

③ 分析数据，对产品或者视频进行运营，实现了自然流量的增长。

优势在于：渠道更宽、门槛更低、操作更便捷。

18 千川投放的底层逻辑

千川曝光触达→观看产生认知→认知延伸兴趣→兴趣激发行为→行为驱使转化。

很多三农账号投千川后没有产生效果，一定是其中某个环节的正向驱动出问题了。

19 常见的4种直播流量形式

① 一泻千里式：开播后大概10分钟，直播间涌进来1000人，不一会儿就开始急速下滑，在线人数只剩下几个。

② 高开低走式：开播10分钟后涌进来1000人，过了一会儿稳定在700~800人，结果最后又掉到几人在线。

③ 稳如泰山式：开播持续进人，峰值3000人，紧接着稳定在2700~3300人来回波动，呈现稳定在线观看。

④ 一炮冲天式：流量稳定，并随着直播时长持续走高。

20 直播间怎么样才能够获得更多的流量？

直播间流量取决于流量池排名。

流量池排名 = 预期点击率 × 预期转化率 × 出价。

抖音会把内容推荐给有相同标签的人。为了获得更多的流量，直播运营团队应注重提高预期点击率、预期转化率,在成本可控的范围内做优出价。

直播间预期点击率和转化率,是根据上一场直播最后5分钟的点击率、转化率,以及上一场直播的"热度"进行预期的。

21 如何提高预期点击率和转化率?

为提高预期点击率、转化率,很多直播运营团队常采用"卡黄线"玩法(即卡峰值下播)。例如很多三农账号只有1万~2万粉丝,开直播全场只做福利款,价格稳定在19.9~29.9元之间,在线人数稳定在2000人以上,卡在直播间人气最热的点下播,锁住前场直播好排名、优指标,从而保证下场直播有理想的流量推荐。

22 常用的提高直播转化的互动操作有哪些?

① 拉长用户的停留时长(憋单、福袋、红包等)。
② 与主播进行互动(问题互动、公屏回复、统计放单等)。
③ 加粉丝团,送灯牌(转粉率)。
④ 展示如何下单,展示橱窗,引导粉丝点击橱窗(商品展现率)。
⑤ 下单(限时优惠、饥饿营销等操作)。
⑥ 付款(踢掉待付订单、催促完成支付)。

23 直播带货为什么没有流量?

抖音是基于兴趣的电商平台,本质上是一个去中心化数据算法的平台,当直播间数据有价值时,抖音算法才会向直播间推送流量。长期稳定、有质量的流量都是靠精准有效的直播运营(选品、主笔、场景等多因素)。具体围绕以下4个维度寻找问题。

① 直播产品是否具有差异化、稀有性、高性价比。
② 产品是否为用户带来价值。
③ 除产品推介外,主播能否为客户带来附加价值(娱乐价值、情绪

价值、知识价值)。

④ 客户为什么要停留,留守直播间能有什么福利或吸引点。

例如:三农学员销售农产品加工品(柿饼),在直播间展示柿饼制作的场景、内容(讲授柿饼糖化的原理、柿饼食用禁忌、柿饼相比新鲜柿子的营养价值优势等),再加上主播有趣的灵魂和独具标识性的语言风格,都能吸引粉丝观看、互动、购买。

24 提升抖音直播权重的关键指标有哪些?

抖音带货直播间的权重分为:人气权重和电商权重(表7-3)。

表7-3 人气权重与电商权重对照表

权重	引流重点指标
人气权重	曝光进入率>40%,停留时间>50秒,互动率>20%,转粉率>3%,加粉丝团率>1%
电商权重	商品曝光率>60%,商品点击率>10%,点击转化率>10%,千次展现金额率>800元,GMV和成交密度越高越好

25 千川投放应重点关注的数据有哪些?

① 成交ROI,即成交订单的总金额/账号消费。

② 均价/千次展现消费,即定向人群的质量和竞争热度。

③ 转化成本,即消费/转化数,用以判断计划投放效果。

④ 曝光量:投放计划的流量等级。

⑤ 点击率:素材质量、定向人群的兴趣意向度。

26 什么是冷启动期?

一个新账号开播流量很少,正常直播场观500人左右,并且停留、互动、转化数据很差。这是因为新账号对于平台来说也是陌生的,平台不知道账号对标什么客户,更不可能把优质流量匹配后给这样一个未知账户。冷启动期就是结合投放计划有效转化泛流量,为账号建立逐渐兴起的粉丝画像和账号定位。

27 千川投放的冷启动注意事项有哪些？

① 冷启动期一般为 1~3 天，有时甚至超过 3 天，短时间没有转化切勿放弃，要有耐心持续等待。

② 冷启动阶段不要大幅度、频繁地修改计划，允许在赔付要求的操作内小幅度调整。

③ 冷启动期处于广泛数据搜索期，所以均价 / 千次展现消费可能出现高或低的情况。

④ 如果冷启动期超过 2 周仍未有理想数据，应该果断放弃该计划。

28 新号开播流量少是什么原因？

① 新号因没有任何标签与权重，平台算法无法识别，更不知道推荐什么用户。

② 对于新账号，要明确账号定位，对标目标用户喜好需求，掌握流量分配的规律，持续输出、开播。

③ 通过 3~5 场直播，创造平台算法需要的数据，持续提升数据质量和账号权重。

④ 如果数据提升遇到困难，应排查选品、主播、话术等方面潜在的问题。新号相比于老号，同等的人、货、场条件，新号更有竞争力和爆发力。

29 抖音直播流量突然下降是什么原因？

结合抖音直播三大流量入口，选取近 2 周的流量占比做对比，就能分析出哪个流量入口有问题。

① 账号冷启动阶段自然推荐下降，大概率是互动数据下降的原因。

② 账号达到了非常高的场观后出现的流量下降，多是转化、成交与场观等级不匹配。

③ 视频流量占比下降，则需要排查近期视频内容、形式是否有异常。

④ 查看千川投流占比是否下降，一种情况是千川投放量未变，其他流量占比增加的假象；另一种情况是千川投放量下降，应对千川后台的投产、点击率、千次进行分析。

⑤ 直播间组品、排品不合理。

⑥ 账号运营健康度，如出现违规导致信用扣分等情况。

30 如果突然断播、更换时段，对平台推流是否有影响？

① 不同的直播模式，断播对账号影响不同，其中对于依赖自然流量的账号影响最大。例如，同品类同阶段的直播账号按照算法的赛马机制同步竞争，某个账号突然断播，同类型账号就会瓜分流量。

② 依靠千川流量的账号，断播对直播计划的影响性远远大于对账号本身的影响。

③ 更改直播时段影响老粉跟播。更换直播时段一定要提前发布引流短视频，尽量不更换。不同时段，平台流量的分配也不同，更改时段容易引发流量波动。

31 直播间新粉转化率太低怎么办？

① 多推直播间往期爆品，做好爆品组合，提升新粉成交率。

② 直播间设置新粉专享，搭配选品、活动策划提升新粉转化率。

③ 通过新粉福利、福袋、红包、抽奖等活动，多引导新粉停留、评论等互动指标，有效增粉。

32 如果直播间付费流量占比过高，是否会影响自然流量？

① 付费流量不同的转化结果，对自然流量有不同的影响。

② 直播间付费流量助力热度，如果互动、转化比较好，将为账号带来更多自然流量。

③ 如果投放付费流量，直播团队承载、转化能力跟不上，自然流量的推荐比例会受到影响。

33 日常直播在线人数达1000人的账号突然没有直播推荐是什么原因？

① 排查近期是否有违规记录。

② 对账号做自查自纠，如同一主播播多个号或虚假刷单。

③ 如果没有以上问题，可低价引流测试账号。通过低价引流，刺激新用户的停留与互动。若仍无法改善，建议重新起号。

34 如果进行千川推广还没流量是什么原因？

① 结合千川的素材审核机制，审核投放素材的质量是首要因素。平台不支持付费推广劣质内容。

② 当千川消耗没量，可以尝试做提价测试。

③ 若千川投放提价仍无法消耗，则排查定向问题。

④ 若定向投放没有问题，基本明确是素材问题。日常推广当中，因为素材导致不消耗的比例至少为50%。

35 千川投放突然没量，是什么原因？

计划培育阶段，千川投放突然掉量是常见的情况。

排查步骤：先不修改计划，观察2天看是否会有变化；再提价观察，若仍无改变，可修改定向条件；仍无改变，则关闭投放计划。

计划成熟阶段，不建议修改计划，最多是提价。

千川投放建议复制成熟计划采取不同定向、创意进行出价，将计划放到不同流量池继续测试。

36 账号出现爆品后流量却不断下降该怎么办？

① 如果直播售卖的爆品与正价产品是类似的款式、相近的价格区间，账号的标签化就会更加精准；如果爆品与正价产品差异较大，用户画像会发生较大差异，导致UV值降低。

② 算法对出现过爆品的直播间考核更为严格，如果选品跟不上，一定会影响转化数据，推荐流量就会降低。

③ 账号出现爆品后稳定流量的最佳措施就是持续打造爆品。

37 直播间把控流量的关键点是什么？

一场直播中前半小时的开场数据决定了中后半场流量的流速。前半小时整体数据好，后面的直播就会很顺畅，相反就是中后半场流量拉升匮乏。一场直播有2个流量把控关键点：开场前15分钟（极速流量）；开场过程中的拉升（图7-4）。

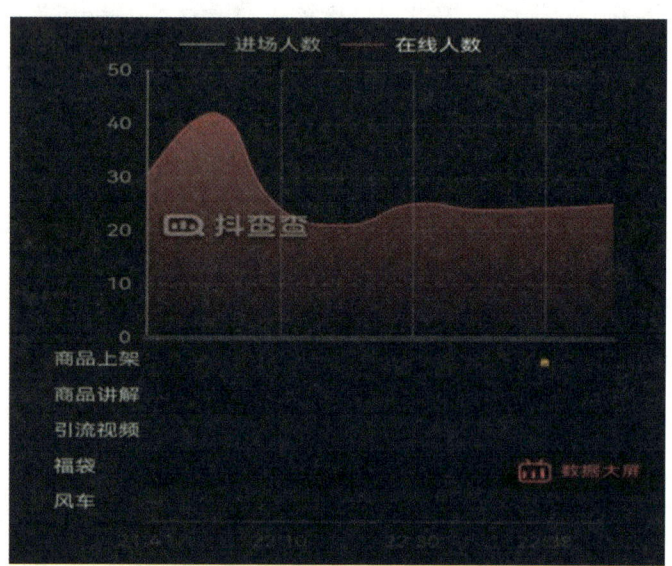

图 7-4　直播间流量统计图

38 如何承接开播极速流量？

通过选取高性价比引流款，做好急速流量承接。具体优化的指标：停留、评论率、转粉率、加团率。用户停留为主的互动数据，互动数据越好，在线人数越多。提高转化率，极速流量进入时，用福利款吸引粉丝停留，结合营销话术互动，在线不断拉高，获得高成交转化率。紧接着用爆款做好承接，平稳度过开播急速流量期。

39 基于流量入口的差异,三农直播间应该选择哪种直播模式?

活动起号依赖自然流量推荐,短视频测款依赖短视频引流,千川依靠付费流量。三农账号产品相对单一、产品利润率较低,依靠单一流量能够起号,潜在弊端较多,极易影响账号的流量规模。所以采用"适当的千川付费推广,巧妙撬动自然流量,做好内容展示的优质短视频"组合策略,可以有效避免单一流量的弊端。

40 平播直播自然推荐占比低是什么原因?

平播直播流量主要源自短视频流量、粉丝流量2个入口,但平播直播间过款型的直播形式,缺乏活动直播间的活动策划、流量玩法和千川付费助力,互动、停留等数据表现不理想,所以很难获得自然流量。

41 抖音流量池到底是什么概念?

抖音流量池分为如图7-5所示的8级,作品第一步会投放200~500人的初始流量,如果用户认可(即点赞、转发、互动数据良好),将会被推送至第二级流量池;如果内容没有得到用户认可,将不再推送。以此类推。

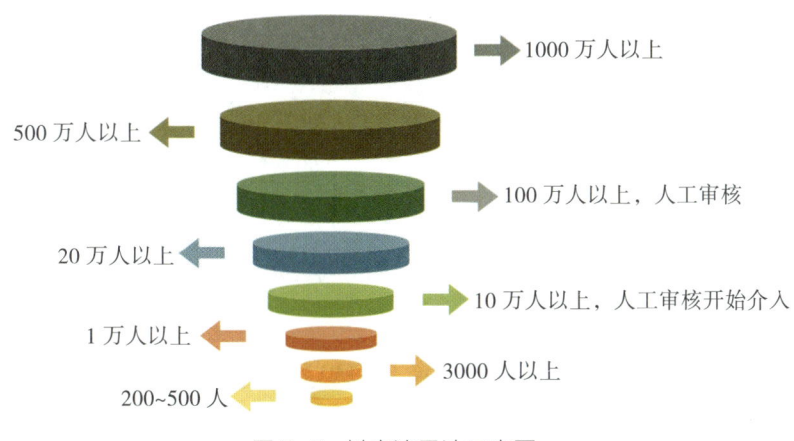

图7-5 抖音流量池示意图

42 不同的账号所处的流量等级也不同吗？

账号因内容垂直度、用户反馈等多因素形成了不同的权重。账号权重不同，说明作品发布后获得的基础播放量不同。账号权重越大，账号上热门的可能性越大。

按照权重不同，可分为以下 6 种账号：

① 僵尸账号（1 周之内发布的作品播放量都在 100 次之内，权重为 0）。

② 低权重账号（1 周之内发布的作品播放量都在 200 次之内）。

③ 中途降权账号（因广告、搬运、虚假数据等违规）。

④ 待推荐账号（1 周之内发布的作品播放量保持在 2000～5000 次）。

⑤ 待上热门账号（作品播放量普遍在 1 万次以上）。

⑥ 热门账号（作品播放量在几万至几百万次之间）。

43 如何提升账号权重？

① 完善账号封面基础信息设置：封面图片、账号名称、头像、简介，以上要素的设置与账号定位吻合，吸引用户关注。

② 提升账号发布的短视频质量：优质的短视频内容是提升点赞量、评论量、转发量等一系列数据的核心。数据加权形成账号权重。

44 账号权重高的好处有哪些？

① 基础播放量高。例如同样是不露脸的拍摄助农水萝卜的视频，头部主播发布，播放量最少几十万次；普通账号发布，播放量在 200～500 次之内。

② 账号搜索排名靠前。例如搜索同名账号，排名越靠前的账号权重越高。

③ 作品搜索排名靠前。例如搜索同题材作品，排名越靠前的作品，其账号权重越高。

45 平常账号稳定的在线人数最近突然骤降是什么情况？

① 品控、物流、店铺服务出现问题，导致流量下滑。

② 选品未能迎合粉丝喜好。

③ 直播场景、主播话术不符合粉丝喜好。

④ 出现平台警告、被强制下播等违规情况。

⑤ 直播间停留、互动、转化等多项数据不达标。

46 为什么开播的时候在线人数很高，随着直播时长越往后在线人数越少？

正常情况下账号开播 15 分钟左右平台将给予一波急速流量，考验选品、主播、运营等多维承接能力。如果急速流量的承接不力，未得到良好转化，会影响后面直播流量的推送速度，逐渐出现在线人数越来越少的情况。

47 投放小店随心推未消耗是什么原因？

① 商家体验分、带货口碑分过低。

② 主播话术涉及夸大功效、诱导、敏感词汇等。

③ 直播间出现衣着暴露、低俗内容等。

④ 直播场景、主播话术涉及敏感话题等情况。

48 同城流量有什么特点？

同城流量可以助力作品，推荐给更多的同城粉丝。例如在开启直播前设置同城定位，在短视频发布设置位置。同城的团购账号、探店账号、旅游账号、生活体验消费账号都可借鉴，挖掘同城流量价值。

49 千川投放计划的三大阶段

① 计划启动期：这个阶段通过投放抓取数据信息，为账号逐渐建立

清晰的标签，包括账号冷启动期和建模期。

②放量投放期：经过学习期，系统通过收集到的标签拓流。

③计划衰退期：计划数据变差，千川计划生命周期进入尾声。

50 为什么账号开播没有自然推荐流量？

①前期开播时，平台推送的急速流量没有承接住或浪费了，平台判断账号运营能力、选品能力太差，将不再推荐自然流量。

②账号内容涉及复制搬运。例如：直接搬运视频发布，下载他人作品再发布，抄袭、窃取他人作品创意，重复发布作品。

③发布低质量内容：画面模糊不清、视频不完整、可看性差、劣质特效等。

④发布违法、违规内容，被扣分。

⑤传播虚假内容、负面内容、消极内容，与抖音平台价值观背道而驰。

⑥账号内容涉及垃圾广告、硬广、引流第三方，都不会被推荐。

51 直播场观人数始终不突破怎么办？

直播正常观看人数不高，应提升各项数据指标、平均转化数据指标才会实现更高场观。具体操作包括以下7步：

①直播预约：开播前引导粉丝预约直播。预约主要针对私域可触达的老粉，粉丝预约数量奠定了一场直播的流量起点。

②直播预告：对于消费刚需粉丝，他们需要知道下一场直播是否有他们需要的产品，直播预约配合直播预告效果会更好。

③场控：场控一般由主播助理、运营人员担任，主要职责是协助主播把控直播节奏、营造直播间氛围、引导粉丝互动与转化、处理突发状况等。场控直接影响直播节奏。

④私域：很多主播会建立粉丝团，引导粉丝加入粉丝团，专享福利，同时也是培养私域流量的有效手段。

⑤涨粉：有时候直播间有人一直占榜，并不断给主播刷礼物，带动

认可、追捧主播的气氛，也是引起直播间粉丝关注的有效方式；有时候主播也会引导直播间粉丝关注榜一。

⑥ 时间线：常态化直播最好确定在一个固定的时间段。例如：过去 10 年 "罗胖 60 秒"坚持每天 6:30 准时输出一条 60 秒音频。为什么要卡 6:30 这个时间线呢？因为 6:30 开始，很多上班族已经在路上了，陪伴上班时光的 60 秒成为很多上班族的习惯，也成为罗胖培养用户习惯的一个时间线技巧。

⑦ 福袋抽奖等活动：很多账号每 10 分钟发布一部手机福袋或者抽免单。不间断设置抽奖是为了吸引粉丝停留，做好停留互动数据。

52 启用长时间不开播的账号还会有自然流量吗？

一般不会。因为很久不开播的老账号基本处于休眠状态，平台对账号的定位判断不明确，重新开播账号很难获得平台急速流量。因此需要采用付费投流计划，结合福利品、促销活动等，对标精准粉丝群持续开播，单场完成 50~100 单销售任务，GMV 达到 3000~5000 元，重新明确账号标签，激活账号。

53 哪些因素会导致直播间留不住人？

影响直播间停留的原因无非是"人""货""场"的承接、转化能力。

① 直播画面不清晰、质感差，会让新进来的用户产生非常不好的第一印象。

② 直播场景的设置与产品无关，很难让用户产生信任，转化自然不理想。例如：卖农产品的直播间选择了现代科技感的装修，很难让用户觉得产品是绿色有机的，反而很容易想到科技产品。

③ 主播话术不熟练、表现力刻板、语言缺乏魅力和热情，很难吸引用户驻足观看。

④ 直播间拘泥于产品介绍，单纯讲解产品很难吸引用户。

⑤ 产品缺乏差异性、价值感、性价比。

54 如何提高直播间销售转化率？

① 优化主播、产品形象展现。

② 策划商品营销活动，提升直播间的活跃度。

③ 优化产品矩阵，提升产品的转化。

④ 挖掘客户痛点，展现产品的价值。

⑤ 通过产品组合营销、产品细节展示，提升客户购物体验。

55 如何提高直播推荐流量？

① 通过铁粉占榜，提高直播间音浪。

② 优化直播互动数据（点赞、评论、转发）：制造话题，引发讨论。

③ 拉长用户停留：优化选品、红包、福袋。

④ 关注转化：证明直播间内容价值。

⑤ 提高直播 GMV：平台有收益才会给流量。

⑥ 优化设计直播封面、标题：封面最好与直播主题有关系，三农带货最好用产地种植实景与真人照片。

56 直播间流量的内部逻辑是什么？

① 进入直播间：被直播画面吸引。

② 停留观看：被主播感染力或直播内容价值吸引。

③ 参与互动：主播引导、引发表达、讨论，直播间福袋抽奖活动。

④ 点击小黄车：产品的卖点突出、有吸引力、与用户需求吻合。

⑤ 下单购买：主播的促单能力、直播场景营造出的抢购氛围和抢单紧迫感。

57 流速是什么意思？

流速就是直播间每5分钟进入和离开的人数之和。流速直接决定场观，流速越大，场观越高。提升流速的渠道：一是增加直播权重，拉升直播间流量层级；二是拉长留存，提高用户停留时长。

58 如何提高直播间流速？

① 提升直播热度：开播的前 15 分钟以内，承接急速流量，结合福利或是运营手段吸引用户，加大转化力度。直播间流速提升，直播质量也会提升上去。

② 产品组合：引流款曝光点击率 >20%，爆品双率（曝光点击转化率与生单成交转化率）>12%。

③ 付费推广：结合直播定位、产品组合、价格区间，对标人群差异，指定付费推广计划，初始付费阶段付费流量不能超过推荐流量的 30% 额度。如果后续数据表现向好，再考虑加大付费流量投入。

④ 建立账号稳定性：开播时间固定、主播人设固定、短视频内容风格稳定。

⑤ 优化活动策略：福利款少量多次放单，频率控制在 15 分钟一波，反复强调福利款价值和卖点，结合福袋、红包、抽送形成活动策略，拉长停留，提升在线人数。

59 直播间流量分析的前提是什么？

自然流量 2 小时 >1000 人，付费流量 1 小时 >1000 人，说明账号是正常的，后期能持续经营此账号。能达到以上数据要求的账号才具备账号流量数据分析前提；如果达不到以上数据要求，说明账号有问题或者主播的能力有问题。

60 什么样的直播付费占比高？

付费流量占比超过 40% 的直播间属于付费流量高范围。

如果付费流量占比较高，但结合账号整体的 ROI，直播间是盈利的，可以继续保持付费比例。但付费流量会越来越贵，这样单纯靠高付费占比的运营模式只会越来越难。

61 如何排查直播付费占比高的问题?

① 优化付费投放策略：投放人群、出价等。

② 优化人、货、场：主播、话术、产品矩阵、场景等要素。

③ 优化拉动自然流量的能力。

62 如何提升自然流量的获取能力?

直播带货的核心是货，所有优质的产品组合是获取自然流量的关键。

① 爆款控单策略：通过爆款吸引粉丝进入直播间，运用少量多频次控单的策略，提升直播间停留和互动数据。

② 引流复购策略：用引流品吸引粉丝进入直播间，通过爆品复购承接，形成了停留、互动、成交转化数据。

63 直播带货的数据漏斗模型（图7-6）

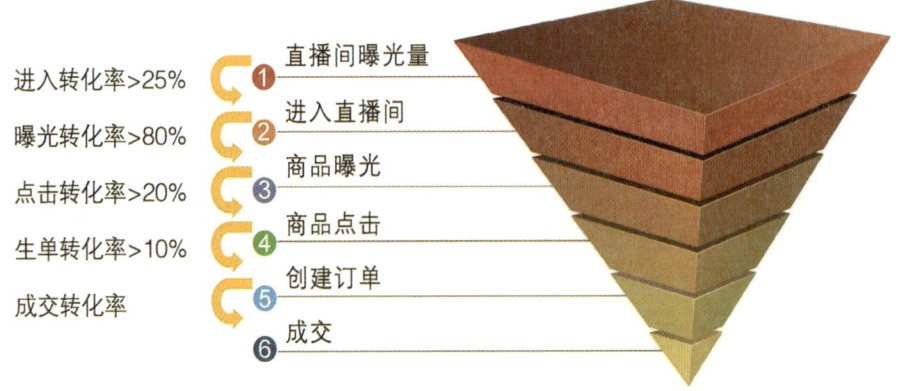

图7-6 数据模型

7 流量篇（抖音平台）

64 抖音直播间流量入口（图7-7）

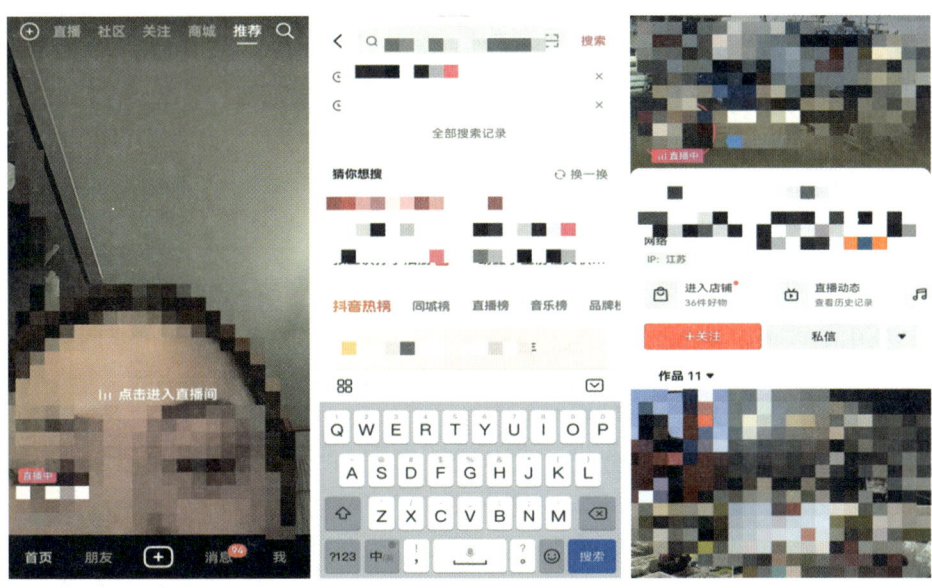

同城 feed　推荐 feed　　　　　搜索　　　　　　　个人主页

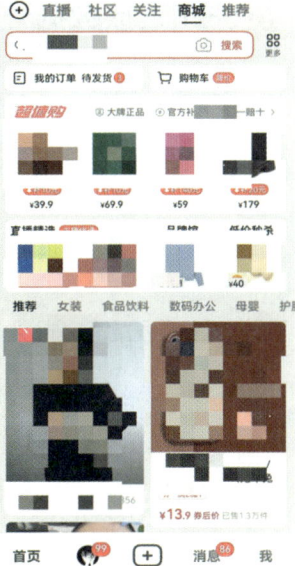

关注 tab　　　　　　短视频　　　　　　抖音商城

图 7-7　抖音流量入口

65 千川投放的5个维度

① 推广方式：专业推广与极速推广。专业推广适合推广经验丰富的投手，极速推广适合推广预算充足、产品利润率高的投手（跑量速度：小店随心推≥极速推广＞专业推广）。

② 投放方式：分为"控成本投放"与"批量投放"。应综合考虑出价高低、投放时间长短、预算多少，确定投放方式。

③ 转化目标：第一层转化目标（进入直播间、商品按钮点击、粉丝提升、直播间评论），第二层转化目标（直播间下单、直播间成交、ROI）。

④ 定向方式：莱卡定向、相似达人、DMP人群包、系统推荐。定向越窄，可达消费上限越低，ROI依赖定向准确度。

⑤ 创意形式：可选择与产品类目相似的创意方式，也可参考对手的创意形式。短视频引流直播，创意质量高。

66 千川投放数据分析的技巧

① 重"量"：展现、点击、消费、转化。
② 提"率"：提高点击率和转化率。
③ 增"值"：增加千次展现消费和平均点击价格。
④ 促"效"：降低转化成本、下单ROI、支付ROI。

67 千川投放能解决哪些问题？

① 自然推荐不稳定，极速流量承接转化不理想。
② 搭建平播账号，但冷启动难度大，可通过千川投放解决。
③ 细分小众品类，无法找到精准人群，单品很难承接并缺乏流量。

68 "用付费流量撬动自然流量"这句话成立吗？

付费流量不能撬动自然流量，但可以促进自然流量。

进入直播间的流量除了付费流量，还有短视频引流、直播推荐、关注（粉丝），只有这4个流量入口的人群模型高度一致，才能确保进入直播间的付费流量能促进自然流量，即羊群效应；直播间的互动带动了更多新进直播间的粉丝互动，下单抢购带动了更多新进入的粉丝的下单抢购，形成付费流量，促进自然流量。

69 新号冷启动失败的原因分析

① 账号打标签失败：达标阶段选品与目标客户不匹配，导致打标后的人群画像与预设的人群不一致。

② 内容没有兴趣点：直播间人（主播妆容、服饰、形象、气质）、货（高性价比、高颜值、高品质）、场（国潮风、产地特色、光线卫生情况等）缺乏兴趣点。

③ 产品未能迎合用户：产品性价比不足、受众太窄、未能迎合粉丝。

④ 主播综合素质不达标：主播话术、表现力、场控能力等。

70 巨量千川的 ECPM 排名是什么？

排名 = 预估点击率 × 预估转化率 × 出价 ×1000。

ECPM 排名：巨量千川平台预估给商家 1000 次展现，大概能从商家赚取多少钱。从 ECPM 排名可以看出，出价不能直接决定排名，也就是说当直播间人、货、场没有形成之前切勿依赖千川投流。

71 巨量千川投放后系统怎样开展计划？

① 接受投放广告请求。

② 进行 ECPM 排名，给出测试结果。

③ 逐渐让用户进入，从广告池中筛选符合用户标签广告。

④ 推送给商家，进行点击转化率测试。

⑤ 学习高转化用户特征，获得高转化人群新标签。

⑥ 进入投放计划调整阶段，再次进入计划运营测试周期。

72 千川冷启动阶段的实操技巧

① 投放目的：破冷启动，帮助账号打标签。

② 投放策略：憋单拉时长，秒杀品放量。

③ 投放工具：小店随心推、千川极速版。

④ 出价方式：放量投放。

⑤ 素材选择：直播间。

⑥ 定向人群：性别、年龄、相似达人。

⑦ 转化目标：在线观看、评论量、商品点击。

⑧ 预算：300~500 元。

⑨ 付费流量比例：不超过 50%。

73 千川助力日常平播，提高销量的实操技巧有哪些？

① 适用的账号：自然流量已跑通、爆款已出、直播团队承接能力较好。

② 投放目的：直播间出单。

③ 投放策略：千川极速版 20%+ 千川专业版 80%。

④ 出价方式：手动出价。

⑤ 素材选择：直播间、短视频。

⑥ 定向人群：通投。

⑦ 转化目标：下单。

⑧ 预算：999999 元（不设上限）。

设置 30~50 条通投计划不断地跑，10 条测试计划迭代，测出最优出价，控制好成本。

74 巨量千川账户覆盖人群不精准的表现有哪些？

① 直播间曝光人数、直播间进入人数、商品曝光人数、商品点击人数、商品成交人数、直播间点击率、商品曝光率、商品点击率、点击支付率等数据过低，场观－商品曝光转化率、商品曝光－商品点击转化率过低。

② 广告点击率和转化率远低于大盘均值，转化不稳定。

③ 在线观看用户与购买用户核心差异过大等。

75 决策千川投放的选品模型

① 目标受众人群：广泛 / 细分。

② 产品利润率：是否承担出价及售后。

③ 产品价格：特定品的价格定位。

④ 产品售后率：是否影响整体利润。

⑤ 产品市场竞争力：决定出价。

76 如何场观破万？

目标：场观人数突破 1 万。

逻辑：通过引流款，拉长粉丝停留，提高互动。

具体操作：

① 连续开播 17 小时，选 2 款引流品，放在 1、2 号链接，少量多频次放单，设置福袋、红包。

② 借助投流：DOU+ 投 300 元，叠投人气，时长半小时。

③ 自定义：女、年龄。

话术："新号做活动，引流款就是为了大家关注，给个赞赞、给点人气，要 1 的扣 1，要 2 的扣 2，数量有限，抢到就是幸运"，同时塑造产品价值。

77 新号开播什么时候开始付费投流合适？

① 账号确定标签阶段，选择 1~2 个福利款，通过付费投流明确标签。

② "人""货""场"综合能力扎实，自然流量稳定，为了进一步销售爆款，提高 GMV，可采取付费投流。

③ 无论是新号还是老号，"人""货""场"不具备扎实的承接能力，都不建议付费投流。

78 直播场观下滑该怎么办？

查看账号违规记录，之前的直播出现重大违规被扣分、平台限流，使得场观下滑。反之，换开播时间段去测流量，选择一个新的开播时间，推爆品，用千川去投人气和带货，拉新用户的成交数据，持续开播。如果连续拉动1周未见效果，可以考虑放弃账号。

79 一个巨量千川账户可以同时投多个直播间吗？

可以。把不同直播间的计划分到不同的广告组里面，即实现了一号多投。

监控数据，评估投放效果，可以通过抖音号维度进行数据查询，也可以查看分直播间详情数据，还可以通过"数据"→"直播数据"→"分直播间"查看实时数据。

80 多个巨量千川账户同时投放一个直播间会抢流量吗？

① 如果投放的产品是相同的，人群也相似，那么可能存在抢流量的情况，也增加投放成本。

② 如果投放的素材是直投画面，投放的产品是相同的，人群也相似，会出现相互竞争，出价高者才能拿到流量，转化成本升高，影响ROI。

③ 如果短视频素材不同、定向不同，发生抢量的概率不大。

81 如果助力短视频带货，一个千川账户能同时投放多个产品吗？

一般不建议一个千川账号投多个产品。

不同产品的利润率不同，一个千川账号投多个产品只能看整体的ROI，没办法分析各个产品的ROI。投手出价容易出现价格差距大。另外，如果同一个巨量千川账户投放多个产品，最好多个产品的受众人群高度相似或一致。

82 影响巨量千川的广告排名的重要指标有哪些？

① ECPM（每推送 1000 个用户，平台赚取的广告费）= 预估点击率 × 预估转化率 × 出价 ×1000。

② 广告 GPM（千次播放产生的 GMV）= 广告成交客单价 × 广告点击率 × 广告转化率 ×1000。

③ 互动指标：直播停留、关注、加团、评论；短视频完播、点赞、评论等。

83 巨量引擎、巨量千川、DOU+ 有什么区别？（表 7-4）

表 7-4 投流工具区别对照表

投流渠道	对象	目标	投放要点
巨量引擎	B 端客户	获取客户电话、线下成交的场景	素材创意、巨量引擎账户、页面、出价、创意便签、定向方式的选择
巨量千川	电商商家	通过抖音小店平台直接卖货	投放策略复杂，视人、货、场而定
DOU+	创作者	加热直播间、短视频	少量多次，及时止损

84 莱卡定向在不同阶段的作用

① 投放初期：增量。

② 投放中期：精准建模，测试不同的流量池。

③ 投放后期：优化计划，对于表现不好的计划及时关停，优化投放成本。

85 莱卡定向设置技巧

巨量千川莱卡定向是行为与兴趣的"并集"（图 7-8）。

行为定向分为：电商互动行为、资讯互动行为、App 推广互动行为。

①电商互动行为：进入过直播间、点击、购买、加购等一切与商品有关的互动。

②资讯互动行为：最近相关的新闻和视频内容。如刷过食品安全相关的用户，很可能会与有机食品直播间莱卡定向的资讯互动行为互动。

③App推广互动行为：下载过相似的App。

兴趣定向：结合行业进行选择即可。

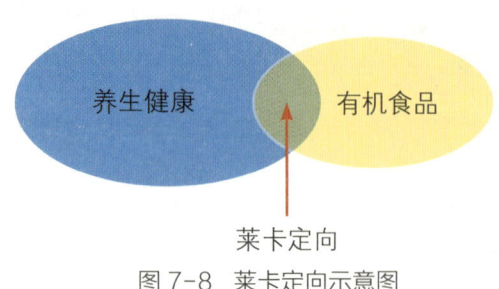

图7-8 莱卡定向示意图

86 起号阶段主推低价品，后期如何提高客单价？

①优化账号定位。

②优化人、货、场。人：投放达人相似；货：将产品按价格由低到高排品，优化产品组合；场：调整直播场景，优化直播话术。

87 开播流量推荐优先级顺序

①关注的粉丝（粉丝团）。

②同城的人。

③在直播间成交过的人。

④进入直播间观看的人。

⑤近期成交人群的同类潜在群体。

88 千川起量阶段，投放专业推广（放量+控成本），出价高但投不出去，如何排查原因？

①查看商品状态和抖音号是否正常，审核是否有问题。

②检查定向人群是否有误，常见的问题是定向人群过窄。

③优化创意，提高创意点击率和转化率。

89 如果千川账户跑量稳定，更换落地页影响计划跑量吗？

① 更换落地页不会影响千川账户跑量，只影响人群转化。

② 影响千川计划跑量的因素有：投放方式、人群定向、出价等。

90 针对跑量稳定的计划，应该执行老计划继续跑，还是复制计划跑？

这种情况的抉择取决于素材创意。

① 如果计划跑量才稳定且没有新的创意，可继续执行老计划。

② 考虑到计划的衰退周期，建议复制计划同时更改部分定向，更换创意素材探索新计划模型。

91 引流短视频投放 ROI 降低是素材衰退的原因吗？

① 素材过气：不同时期，热点不同，素材都有生命周期，素材进入衰退期，ROI 降低。

② 直播间问题：短视频拍摄出镜与直播间主播不一致，或者呈现出的调性不一致。

③ 货品问题：直播间展示的产品与短视频展示的产品不一致，价格不一致。

④ 活动差异：短视频营销的产品活动与直播间不一致。

92 账号违规后已提升信用分，但直播间场观依然不破千，该如何处理？

① 建议丰富流量入口，例如优化短视频、优化选品（引流款、爆款）、巨量千川付费推流。

② 配合付费流量，强化主播话术、活动设计，提升互动停留及成交，突破场观瓶颈。

93 千川投放学习期，高出价还不消耗，可以使用放量投放吗？

① 学习期一直不消耗，可以在预算可控的情况下，放量投放。

② 使用放量投放也不消耗，要看具体原因。例如素材审核不通过、选品有问题等。

94 千川投放成熟期，直播计划模型稳定了，应该如何扩量？

成熟期的特点是老粉占比高，粉丝黏性和购买力都很强。

从以下3点着手尝试：

①直播间脚本和话术调整，侧重吸引新粉设置引流专享活动。

②增加专场直播新粉数量，设置福袋、抽奖、红包。

③提升直播间重要数据指标为互动、平均停留时长、加团、关注下单、转化率。

95 千川投放学习期不通过是什么原因？

① 自查投放计划的曝光转化率，如果未达标说明承接能力有问题，如主播的控场、应变、展现力，直播间场景搭建不合适，产品性价比不高。

② 自查曝光点击率是否达标，不达标说明人群定位不匹配，需要优化人群或者重建计划。

96 如果同时投放十几个计划，某条计划出价较低会影响整个账户的流量吗？

① 正向调整且降低出价的幅度在5%~10%，且每天调整1~2次，对于账户流量影响微乎其微。

② 如果对主力计划做负向调整，会影响流量，超成本赔付。

97 老账号和新账号千川投流计划有差异吗？

差异较大。老账号具备清晰、精准的账号标签和内容标签，用户画像清晰，付费投流时推荐更精准；新账号无这些优势。

98 新账号如何进行巨量千川投放？

新账号投千川分2种情况：

① 多计划低预算跑量，手动出价，极速推广＋专业推广，莱卡定向。待账号承接能力增强，采用"自动出价＋固定时长"模式。

② 使用小店随心推，调整账号定位。当流量稳定且有成交量，再大力投放。

99 单品纯投流的方式是否可行？需要注意哪些问题？

单品直播间受众窄，留存难，承接能力弱，缺自然流量。纯付费投放适合单品直播间，但是付费投流成本高，只有产品毛利高且货品有爆款潜质，才能通过付费投流推广促进销售。

100 如果选择放量投放，是否可以赔付？

电商广告竞争环境激烈，转化成本高于预期，放量投放暂不支持赔付，需要做好预期管理。

8 团队篇
（抖音平台）

1 直播团队需要具备哪些岗位？（图8-1）

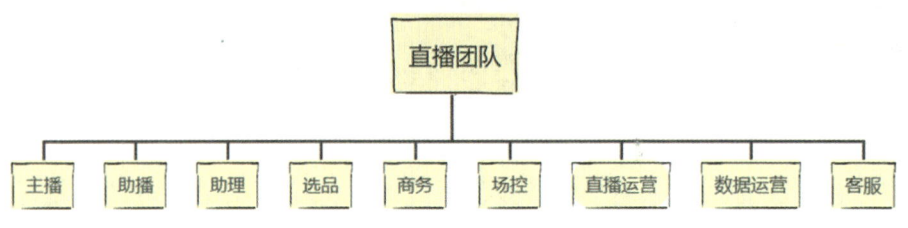

图8-1 抖音团队岗位设置

2 主播团队及分工

主播团队包括主播、助播、助理（图8-2）。

① 主播：直播团队的核心人物，负责直播带货流程把控、商品介绍、直播间互动、粉丝互动、留存等，以及话术执行、节奏掌控。

② 助播：主要配合主播，包括补充讲解、配合主播演示产品（试吃、制作）、互动、引导评论、加团加粉、福利发放等。

③ 助理：协助主播和助播开展工作，包括准备样品、演示道具、话术提醒、活动提醒、营造氛围。

图8-2 主播团队

3 运营团队及分工

直播运营：负责账号培育、账号运营，运筹人、货、场三维度，直播策划、直播执行、数据复盘，不断优化、调整直播方案（图8-3）。

场控：调动粉丝活跃度，负责把握直播节奏、福利发放。

数据运营：负责实时数据跟踪，针对留存、互动、转化数据进行分析，结合直播策划、方案执行、产品数据，及时提出人、货、场调整措施。

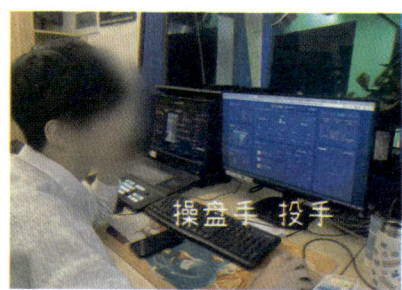

图8-3 直播运营团队

4 其他岗位分工

① 供应链选品：负责产品考察、产品测试、价格比对，结合售后产品反馈及时调整产品矩阵。

② 客服：为顾客提供售前、售后咨询，产品介绍、功能差异、售后保障，促进客户下单、复购。

③ 商务：负责对接达人、明星、平台、供应链资源，促进直播和产品的对外合作。

5 一场直播的具体工作流程包括哪些环节？

直播流程分3个环节：

① 开播准备：直播主题、选品排品、产品上架、场景搭建、直播策划方案、脚本设计、流程框架、话术演练。

② 开播执行：人货场、团队协作、数据运营、高效转化。

③ 下播复盘：团队配合、主播状态、直播节奏、账号数据复盘、查漏补缺、调整直播策略。

6 直播前的准备工作包括什么内容？

① 后台调试、准备：巨量百应、达人工作台、直播管理、直播设置、直播辅助软件调试、直播伴侣及库存ERP登录系统、直播产品表。

② 设备检查：灯（直播灯、背景灯）、摄像头、直播推流电脑、手机、手机充电宝（电源）、场景道具。

③ 设备、摄像参数：横屏竖屏、镜像调整、画面比例、画质、直播设置、麦克风调试。

④ 商品检查：样品状态、直播道具、商品讲解资料，避免出现演示翻车的情况。

7 三农带货主播注意事项

① 三农主播、助播应注重仪表与妆容，保持服装和造型干净、整洁。例如：二三十岁的女主播可选择麻花辫、小碎花服装，树立邻家小妹的质朴形象（图8-4）。

② 三农主播工作情绪饱满、语调抑扬顿挫，严格按照标准化直播脚本进行。面对粉丝不友好的状况，应当控制好自己的情绪，把控好节奏。

③ 重点引导主推产品及促销信息，回避敏感词。直播结束前预告下场直播时间、内容。

④ 三农主播严格执行脚本，避免中途离场。不得随意延迟上播、提

前下播。及时复盘，整改问题。

图 8-4 主播形象示范

8 三农带货助播注意事项

① 三农助播要协助主播进行时间掌控、留意公屏、把控节奏，以插话/评论的回复方式互动。

② 三农助播同步讲解小窗口、同步库存、提醒链接序号、演示下单、送灯牌、加入粉丝团操作。

③ 助播要与主播配合默契，按照主播的节奏，切勿抢话、抢镜、随意打断主播讲解。

9 如何筛选出有潜质、值得培养的主播？

① 通过沟通询问测试，判断面试者是否热爱主播岗位，是否有意愿在主播岗位长远发展。

② 性格类型。主播的性格热情大方、镜头表现力强。

③ 身体素质。主播岗的工作并不是表面的光鲜亮丽，实际上需要大量消耗体力，能接受夜班、无法正常就餐休息、临时加班等情况。

④ 情商逆商。直播间有铁粉，也有黑粉，主播能高情商地应对黑粉，不被负面评价和恶意语言攻击影响，调节直播间氛围。

⑤ 语言表达能力。面试者语言表达能力强、口齿清楚，地域性农特产品主播要求掌握方言。

⑥ 结合过往学习、工作经历，有过主持、朗诵、表演相关专业学习经历的面试者，同等条件优先录用。

10 企业寻找达人带货，需要评估几个维度？

① 现场考察达人。了解达人对品牌的重视度、对品牌产品的了解情况，观察达人气质与产品的匹配度。

② 粉丝数量以及垂直度。粉丝数量大并不意味着带货能力强，垂直精准粉丝比泛粉丝的带货能力强。

③ 带货主播要和产品属性相匹配。借助行业榜单、数据平台、抖音星图等渠道查看主播以往带货类型、直播数据，确定直播与产品的匹配度。如让三农主播突然转型卖化妆品，往往销量惨淡。主播和产品属性不匹配，直播带货销量肯定达不到预期。

④ 多主播多场次测试。初次对接达人，可以在对标粉丝画像范围内，找多个主播多场次直播，测试出更适合产品的主播类型。

11 直播间场控的能力要求和岗位职责

① 能力要求：熟悉平台规则，有运营经验；熟悉产品特点及卖点，了解行业，具备数据分析能力、统筹协调能力、团队管理能力。

② 场控主要工作：参与选款、脚本设计；策划直播玩法，协调运营、客服、主播等岗位，配合直播执行；参与直播复盘，优化方案、指标。

12 直播运营岗的岗位职责

直播运营岗位的职责是对主播、内容、产品、用户4个维度进行日常监控，借助直播间数据进行优化、调整，对直播转化负责。

一般的流程：监控直播→复盘数据→发现问题→寻找问题根源→提出解决思路与方案→执行解决方案→再监控直播，依次循环实现螺旋式增长。

13 不同阶段直播团队的类型（表8-1）

表8-1 直播团队类型表

阶段	定义	直播团队特点
新手期	开播3个月以内，有基础直播能力	团队结构比较简单，团队中可一人兼顾多种角色。主播、运营、客服3人一组形成最简单的直播团队
发展期	开播3个月以上，有固定团队，有效粉丝关注，具备一定转化能力	团队结构逐渐完善，至少包含主播、助播、运营、场控、客服，5人一组形成较为完善的直播团队
成熟期	稳定开播6个月以上，拥有较好的粉丝积累和流量，能持续稳定转化	团队角色完善，主播、助播、助理、直播运营、场控、数据运营、选品、商务、客服，至少12人一组形成成熟完善的直播团队

14 直播团队在项目起步期应明确的三大要素

① 明确企业的品牌定位，包括企业产品卖点、对标客户群体属性、产品价格定位的消费层次、对标的竞争品牌和产品等。

② 构建分工明确的团队，明确团队组织架构、人员分工、职责划分、岗位绩效考核指标。

③ 清晰的直播认知，对整个行业、直播业态的认知，明确团队项目发展的目标，集合定位，设计直播战术、玩法和调性。

15 优秀的直播运营团队注重考核四大能力

① 选品能力：为账号选择引流款、福利款、爆款、利润款、形象款等产品组合，为直播间引流、流量承载、流量转化做好准备。

② 短视频创作能力：短视频是直播的重要流量入口，许多团队倾向于运营短视频，为账号打标签、积累粉丝。

③ 直播运营能力：运营团队通过人、货、场组合，协调直播过程中的各岗位配合，获得账号增长、产品销售。

④ 低成本推广能力：结合推流工具，巧妙运用自然流量，优化直播间数据，实现理想的 GMV。

16 如何设计运营（操盘手）的薪酬模式？

运营（操盘手）：真正有能力的操盘手，固定薪资很难长久合作。常见的薪酬模式：高底薪+高提成或者项目股份制。比如：先固定 5% 的股份，项目运营后设定 KPI 梯队，达成每个阶段的 KPI，加 5%，最高可占据 30%，按月分红即可。

17 如何设计主播、助播的薪酬模式？

普遍采取底薪+梯度绩效模式。合规完成月工作时长即可获得底薪，如果因为主播原因导致账号违规、扣分、扣保证金等情况，需给予扣减。根据产品不同，项目利润率不同，设置的 KPI 梯队不同，销售额越高，提成越高，上不封顶。主播、助播底薪不同，提成比例不同。

18 如何设计助理的薪酬模式？

普遍采取底薪+梯度绩效模式。设置 KPI 考核机制，合规完成月直播场次即可获得底薪。根据具体产品，设计项目 KPI 梯队，助理与主播提成都与 GMV 直接相关，销售额越高，提成越高，上不封顶。

19 如何设计数据运营的薪酬模式？

建议采用底薪＋奖金形式，奖金以投放总额和UV价值（ROI）作参考，设置增长指标和转化指标目标，按照目标完成率设置奖金梯度。

20 直播带货团队薪资怎样分配才合理？

由于带货行业差异、产品利润率、回购率都有很大差异，无论是企业自产自销还是对接供应商，利润率也不同。常见的薪资制度，采取底薪＋销售额阶梯提点模式，按照岗位贡献率和人才紧缺性，设置不同的提成梯队。

21 如何打造有凝聚力、有成长潜力的直播团队？

① 为员工打造可持续上升的职业通道，让员工在岗位上获得成就感。
② 为员工设立可实现的业绩目标，让团队有内在牵引力。
③ 鼓励员工大胆创新，积极开拓，让团队适应充满竞争的直播生态。
④ 为团队建立绩效考核评价体系，打造利益共同体合作模式。

22 自己是老板，到底要不要招专业的运营人员，以及直播带货中"运营"的重要性

直播带货团队中，除了各岗位人员的配合协作外，团队中不可缺少的就是负责带领团队的领航者，运作掌控和制定战略方向，经营管理团队的核心运营人员，运营人员的重要性体现在有70%～80%的概率决定一个直播团队是否可以做出优异的成绩，优秀有冲劲的团队必然少不了优秀的运营人员，所以运营人员在直播团队中占据核心的重要地位。

23 直播带货中运营、场控和中控的职责（图8-2）

表8-2 运营、场控、中控职责表

角色	职责
场控	控节奏、控评论，塑造氛围
中控	调试设备、设置软件、操作后台（上链接、改差价、备注优惠活动）、监测数据
运营	统筹所有工作，协调各岗位进行相互配合

24 如何加强全职主播的稳定性，避免突然离职情况的发生？

① 建立团队绩效考核机制，将主播利益与运营、助理等岗位利益高度关联。

② 加强团建，打破个人主义，加强团队协作默契。

③ 在用人合同中签订约束机制，给企业选人用人预留缓冲期。

④ 培养助播、助理等其他岗位作为备用主播，应对突发情况。

⑤ 预留月奖金的20%蓄水个人年度奖金池，全年超额完成任务，给予1.5倍奖金池奖励；全年任务未达标，给予0.8倍奖金池奖励，并于第二年2月底发放。

25 主播流动性过大是什么原因？

① 账号没有流量，主播直播没有互动、销量，缺乏成就感。

② 人员配比不合理，主播工作超负荷，造成声带损伤、声音嘶哑，无法胜任。

③ 主播招聘时考察不充分，直播上岗后无法满足要求，无法得到预期薪资。

④ 主播与其他岗位沟通配合有障碍，难以磨合。

⑤ 主播的形象气质与产品不匹配，造成直播数据不理想，销售转化

不理想。

⑥ 企业对主播岗位的业绩考核不合理,薪酬待遇无法满足主播要求。

26 主播成长的 4 个生命阶段

① 入门阶段:入职培训,了解主播工作内容、岗位要求、直播技巧、话术训练,作为助播培养镜头前思考能力、创新能力。

② 磨合适应阶段:通过助播岗位历练,逐渐形成自己的直播风格、营销技巧,形成自己的判断和思考。

③ 成长稳定阶段:从单纯的掌握直播技巧,逐渐成长为具备运营思维、用户思维、产品思维,这一阶段的主播,开始在团队中强参与。

④ 带领团队阶段:主播处在强主导阶段,能够带领启动新项目,创造更高的业绩。

27 主播常见的几个问题

① 主播只顾介绍产品,不回复用户在评论区的评论,不互动。

② 主播不清楚产品卖点,答非所问,随意讲或者讲别的,转移用户注意力。

③ 主播介绍产品过度吹捧,用户收到实物发现与主播宣传不一致,导致差评和退款,反而造成商家损失。

④ 主播情绪控制力弱,易被黑粉影响,影响直播节奏和氛围。

⑤ 主播对于直播节奏的控制力差,被粉丝带节奏。如产品成本价 30 多,却被全场粉丝 9.9 元刷屏,导致措手不及,产品推介无法持续进行下去。

28 主播如何避免直播间带节奏?

① 当不知道如何应对的时候,重复正面评价。

② 直播间评论互动内容繁杂,挑选代表性的问题回复。

③ 不熟悉的问题巧妙回避,制造娱乐槽点,转移注意力。

④ 遵循二八定律,将 80% 的精力用于 20% 的真正有购买需求的粉丝,

针对 80% 的看客粉丝，制造娱乐话题，让他们为直播贡献有效数据。

29 主播话术应具备哪些特点？

① 有设计感的欢迎话语，具有感染力。例如走进直播间闲逛，发现主播用具备特色的贯口欢迎新进直播间的粉丝，很容易迎合主播进行点击关注或互动回复。

② 用饱满的感情感染粉丝，让直播间充满欢乐、充满暖意，有利于粉丝驻足观看。

③ 通过新热点、新网络语言、新梗等吸引粉丝，让直播间有新意、有惊喜、有共鸣。

④ 在介绍产品的时候，使用专业措辞，语调顿挫、语速变慢，为客户建立认知，让粉丝感受到主播的专业度。

⑤ 在逼单、憋单的时候，加快语速制造紧迫感，引导用户尽快下单。

30 主播常用互动技巧

① 互动回答。通过选择性提问，引导客户回答，形成有效互动。

② 抽奖互动。循环抽奖，循环调动粉丝互动，可采用抽奖送礼、抽奖免单、抽奖送券等方式。

③ 抽奖时间应在数据运营设置的流量节点处，不能随意抽奖，也不能把奖品一次性抽完。

④ 求关注求赞求加团。主播要循环提醒新进直播间的粉丝加入关注，通过发放福袋，让粉丝加关注、送灯牌、加粉丝团。

⑤ 开播、下播都要和粉丝打招呼，预告直播间产品和下一场直播的新期待。

31 直播团队如何复盘？

① 录制直播视频，用于下播复盘。

② 主播复盘：通过观看回放，分析自己在直播中的精神面貌、情绪

状态、语调语速,与用户互动情况、用户反馈效果等。

③ 数据分析:自制复盘表格,结合人气数据、自然推荐、成交转化数据、平均在线、平均停留时长、新增粉丝、千次成交等重点数据,进行数据分析。

④ 团队其他成员指出直播问题,团队讨论,制定修正方案。

32 直播团队中,商务 BD 的工作职责是什么?

① 负责各渠道(抖音、快手、淘宝)达人主播/KOL 的挖掘、合作洽谈等工作。

② 负责对接完成 MCN 机构的合作、整合资源,挑选优质主播/达人资源,保障活动质量。

③ 根据企业直播带货需求,匹配对应直播资源并确保执行落地。

④ 负责主播过程跟进,及时处理直播中遇到的各类问题。

33 直播团队对接达人成功率低的原因是什么?

① 沟通工作量大,线上方式方法出现问题。首先应礼貌明确身份,然后再进入合作沟通环节。

② 货盘表的制作有问题,让对方很难看明白。给直播商务发货盘表,要注意货盘的整理和整理思路,便于对方快速理解。

③ 样品与实际合作产品包装不一致或产品有差异。

④ 寄样品的时候没有特别强调样品是哪家公司的,或者样品包装没有展示产品卖点。

⑤ 对直播商务的选货流程或规则不清楚。

⑥ 商务经验不足,对市场没有清楚的了解。

34 售前阶段,客户服务的工作职责是什么?

① 熟记产品特点、规格、价格,熟悉近期直播间活动。

② 辅助运营及其他相关伙伴做好店铺活动安排与执行。

③ 热情主动接待每一位客户，对于售前、售中、售后客户常见问题，制作便捷回复语。

35 直播销售中，客户服务的工作职责是什么？

① 通过沟通，快速了解客户喜好，有针对性地推荐产品，促成订单。

② 有条理地回答客户的问题，打消客户的疑虑，明确售后服务保障。

③ 关联销售，客户咨询产品的同时推介其他互补性产品，形成关联营销。

④ 对于犹豫不定的客户，借助活动限量限时，催单促单。

36 直播销售后，客户服务的工作职责是什么？

① 为客户解决售后使用、制作过程中遇到的问题。

② 如果产品在运输过程中损坏、丢失等，应给予客户协助查找甚至赔偿或退款。

③ 如因产品质量问题，应第一时间给客户道歉并赔偿或退款。例如，购买的食品中有头发等异物，基于食品安全卫生的原则，要第一时间安抚客户，全额退款，避免事件过度发酵。

37 直播带货，客户服务的工作禁忌

① 客服语言冰冷，动画表情诡异或者容易产生歧义。

② 客户咨询长时间不回复。

③ 质疑客户反馈的问题或者批评客户的态度。

④ 与客户争吵、讽刺客户。

38 直播带货主播的考核指标

① 开播时长、成交额。

② 直播内容：脚本、用户评价、互动情况。

③ 直播转化：GMV、ROI、直播间成交量、新增关注人数。

39 短视频团队的人员构成

（1）运营。

综合素质要求高。能策划、懂拍摄、会搭建场地、熟悉设备道具等，日常还要对视频的数据和流量分析运营。

（2）编导（文案创作）。

依据运营方向，结合产品、用户特点，捕捉热点和运用人性，创作文案。

（3）摄影师。

按照脚本，组织出镜人员，结合布光、麦克风等拍摄设备进行短视频作品拍摄。

（4）后期。

结合脚本，迎合用户喜好，剪辑拍摄素材，展示作品，吸引用户。

（5）出镜人员。

个人团队，可以本人出镜；企业团队，选择符合企业产品调性，可打造的人设，长期出镜。

40 内容型短视频团队的工作流程

① 账号策划定位：人设定位，变现方式，商业定位。
② 内容策划：策划内容，创作文案。
③ 内容制作：写脚本，拍摄，剪辑。
④ 账号运营：维护粉丝，发布内容，分析数据。
⑤ 商务变现：带货，广告，知识变现等。

41 带货短视频团队的基本工作流程

确定推广产品→依据产品创作文案→写拍摄脚本视频→拍摄→一剪→二剪→视频发布→投放及优化→监控数据评论。

42 带货短视频团队的工作分工

确定推广产品（选品）→依据产品创作文案（编导）→写拍摄脚本视频（编导）→拍摄（摄影师）→一剪（剪辑师）→二剪（剪辑师）→视频发布→投放及优化（运营）→监控数据评论（投手）。

43 带货短视频内容的类型

① 热点型：热点类内容不仅是满足用户需要，也是迎合平台算法。基于热点的内容创造在后期传播的过程中会得到用户自传播或平台支持。热点内容主要包括 2 种：社会类、平台类。例如，近期某爆火电视剧正在热播，某短视频创作就完全蹭高热点，拍摄场景、出镜人员服装造型等均高度模仿。

② 搞笑类：短视频创作结合插入一些搞笑画面、情节，增强短视频的趣味性。比如拍摄高富硒玉米的短视频，可以让孩子在抢吃的过程中有搞笑画面，可爱又讨喜。

③ 信息类：在短视频中传播不为人知的信息，比如沙棘含有丰富的维生素 C，有利于促进消化等。

④ 观点类：短视频表达一种独特的价值观，获得粉丝的认可。

⑤ 冲突类：通过短视频剧情制造大冲突，形成大反转，形成感人的情感共鸣。

⑥ 感官类：农产品短视频拍摄中可以利用爆汁、清甜、脆爽等特点，给用户一种溢出屏幕的感官感受。

44 优质带货短视频的共性特点

① 鲜明的亮点。
② 紧凑的节奏感。
③ 轻松自然的表现力。
④ 传递正能量和人间美好。

⑤ 热点音乐或者扣人心弦的音乐。

45 爆款视频的创作技巧

① 找准产品定位，明确创作方向。

② 对标同类型产品的爆款视频，拆解文案模板。

③ 精益求精的拍摄，完美的剪辑细节。

46 摄影师剪辑视频的 6 个常规操作

① 同景别镜头尽量不组接。

② 素材内容的逻辑合理。

③ 动静结合的镜头组接。

④ 慢动作与快进合理运用，增强视觉效果。

⑤ 添加转场、素材、文字等丰富视频的表现力。

⑥ 视频原声与背景音乐的音量合适，相得益彰。

47 如何管理短视频矩阵团队？

① 团队管理：给团队充分的自由创作空间，通过视频数据和转化率，评价激励。

② 视频拍摄：按照产品差异，对标粉丝群体；结合产品差异和用户差异，分别进行文案创作和加脚本设计，再分别进行拍摄，剪辑创作。重要的是结合对标粉丝的特点选择发布时间。

③ 账号运营：通过对标粉丝的特点，分析视频数据和转化数据，进行综合对比。

48 本地生活类短视频团队的成员及分工

（1）商家拓展。

分管本地吃喝玩乐门店产品的打造与商务对接，并长期维护合作关系。

（2）运营。

做策划、监督拍摄、选择场地、准备设备道具等，并分析数据。这是一项综合类工作。

（3）文案策划。

结合商家产品特点和账号定位，创作文案、设计脚本，擅长捕捉目标客户的喜好。

（4）摄影师。

短视频拍摄工作。

（5）后期。

负责后期剪辑工作，结合商家、产品特点和脚本进行剪辑创作。

（6）出镜人员。

49 适合本地生活的3种短视频团队模式

① 单人模式：一个人自导自演，自拍自剪。

② 简单模式：编导设计、达人出镜、外包拍摄剪辑。

③ 专业模式：配置了商家拓展、运营、文案策划、摄影师、后期、出镜人员，不仅为商家提供短视频业务，还能满足其他商家的需求。

50 为什么要在短视频团队建立内部过审制度？

① 定期评审，听取团队建设性意见，有利于提高短视频质量。

② 建立制度规范的评审流程，降低团队内耗，提高评审效率。

③ 内部过审形成视频制作质量评估的关键绩效数据，有利于团队。

9 场景篇
（抖音平台）

1 直播间三大功能区

直播产品不同，直播类型有差异。但无论直播场景如何变化，直播间都可划分为三大功能区：主推区、商品区、道具区。

① 主推区：突出主播讲解、展示的商品。

② 商品区：通过货架陈列商品、堆放样品等方式，向用户展示商品。

③ 道具区：背书展示，增强品牌信任度；告知促销、福利活动；突出卖点信息等用户关注的信息点。

2 直播场景搭建必备要素

场景搭建必备要素：场地、设备、环境、背景、音乐、灯光、商品陈列。

① 场地要求：个人直播带货食品类目，直播间面积10平方米左右；团队直播带货食品类目，直播间面积20~40平方米；直播间装修需要测试隔音和回声效果。

② 设备要求：常用设备包括手机、摄像头、相机或摄像机、麦克风、电脑、各类充电器等；特殊类目产品直播还需要辅助工具，如小展板、秒表、计算器、卡尺、手电筒等。

③ 环境要求：产品、装饰品摆放要突出品牌调性，充分展示品牌特点。

④ 背景要求：以浅色、纯色的背景墙、窗帘等为主，打造简洁、明亮的基础风格。农产品带货可以选择与产品色彩相呼应的背景，例如草莓、苹果直播间以红色为主色调，以产品、种植场景图片为背景图。

⑤ 音乐要求：直播间音乐与直播间产品、主播风格相匹配。例如：许多明星、达人带货从头到尾以说唱音乐报价过款的形式，搭配有趣的内容，以烘托直播间抢购的氛围，形成福利感和紧张气氛。

⑥ 灯光要求：专业直播间采用环形灯、侧光灯、轮廓灯、顶光灯组合补光。

⑦ 商品陈列：主播面前的桌面陈列商品，用于近距离向镜头中的粉丝展示商品。空间充足，可使用陈列架在背景板前展示所有待售产品，营造线下购物琳琅满目的既视感，对用户形成吸引。

3 如何搭建高转化直播场景？

① 参考竞品直播间场景搭建。抖音信息流推荐的竞品直播间和第三方工具榜单的优秀同行直播间。

② 绿幕直播间的搭建。突破地域、环境限制，呈现更丰富的直播间场景。例如：绿幕呈现冰天雪地卖内蒙古羊肉。

4 直播间场景和场地分为哪些类型？

① 室内直播场景（家、发货仓库、门店、工厂生产线、批发市场）。
② 户外直播场景（山间河边、种植产地、村落街景、自然风景）。
③ 虚拟直播场景（绿幕抠像、按需更换背景）。

5 直播间光源充分，为什么直播场景仍不明亮？

直播间打灯，不是光源越多就越亮，灯源多场景不明亮，多是因为主光源与背景光比差异太大，形成逆光、光线不均匀，导致人物面色暗黄发黑。专业的灯光师能够充分利用主光源、轮廓光、顶光，调整灯光角度以及光比，营造出通透明亮的人物画面、有质感的产品呈现效果。

6 绿幕直播间应注意哪几点？

① 直播主体不要出现与绿色相近的颜色。

② 绿幕抠像的最佳距离是 1.5 米左右。在布置灯光时，使用常规灯光和背景光源，确保绿幕上没有影子。

③ 镜头光圈适当缩小，减少人物与背景之间的景深和边缘虚化。

④ 直播中避免人物或产品快速移动，避免绿幕有褶皱和暗角。

7 如何优化直播间场景？

① 强化直播间的视觉冲击力和情绪冲击力。比如，直播间销售大荔冬枣，主播身穿冬枣串制的上衣，形成强烈视觉冲击；大冬天主播穿短袖在泥塘挖藕，让粉丝深感三农不易，触发情感冲击。

② 身处生产一线直播，激发用户信任和购买。

③ 打造人设，搭建直播间，激发用户信任感；食品类直播间，真人出镜让用户更有真实感。

④ 商品是最好的"直播间场景"。如手工制作芝麻丸，原材料混合、揉捏等过程，展示产品的前世今生，让用户被产品吸引进而下单。

8 为什么直播场景非常重要？

① 直播场景会影响用户进入直播间的第一感受。直播场景对流量模型的影响占 50%，曝光点击率占 40%。

② 如果直播场景有吸引力，使观看直播人均停留时长提升，影响后续自然流量。

③ 转化越快、转化率越高，流量投放成本越低，人群标签越精准。

9 怎样才能使直播间看起来更高档？

① 直播间装修从硬件、色彩搭配、软装布局，都能整体呈现直播间的调性。

② 灯光是提升直播间档次的重要元素。同样一张图片经过滤镜、饱和度等修图技术加工，会大大提升画面质感。

③ 通过主播的妆容、服装、配饰、气质、语言、才艺，提高直播间

的档次感。如珍珠类产品直播,主播都会搭配手部美甲、蕾丝手套,以及高贵典雅的服装、发型、妆容,提升珍珠的质感和店铺的档次,与产品的高价相匹配。

10 什么是直播间的前景、中景、背景?

直播间前景:镜头(直播摄像头)与主播讲解的商品之间的区域属于前景。

直播间中景:摆放物品讲解区与主播站立之间的区域属于中景。

直播间背景:主播与背景板之间的区域属于背景区,背景区呈现品牌形象(图9-1)。

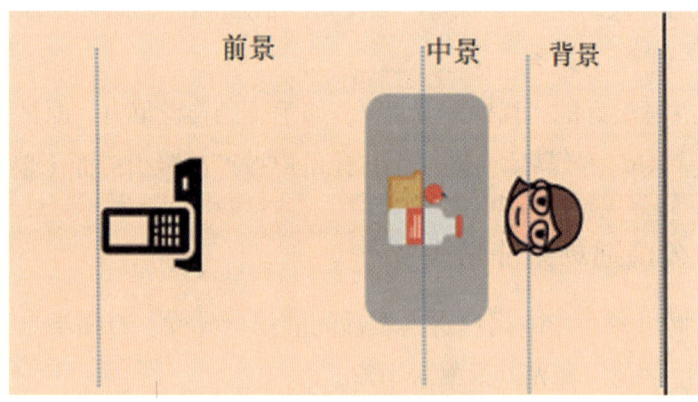

图9-1 直播间景别示意图

11 直播间功能区域划分为几部分?

① 待讲产品区:整场直播待讲解产品摆放。

② 灯光区:灯光摆放位置、设备连接。

③ 中控台区:一般在主播侧方,摆放电脑实时配合主播操作后台。

④ 背景区:展现企业形象,展示直播主题。

⑤ 中景区:即核心区域,用于主播讲解、主播操作演示。

⑥ 前景区:设备所在区域,直播画面录制。

12 前景陈列注意事项

① 前景陈列时,不要遮挡住产品或提示牌,调整好位置,进行画面测试。

② 讲解产品时,要调整焦距,给产品特写,确保能展示细节。

③ 结合补光,注意测试产品展示,避免过度曝光无法展示产品特色、卖点。

④ 如果主播站立直播,确保设备走线、摆放不会暴露于画面,避免造成画面杂乱的既视感。

13 户外直播场景有什么特点

① 户外直播场景相较于室内直播,视野更为开阔,场景更为丰富。尤其在三农带货领域,走进种植基地,站在果园咬着挂树的葡萄、苹果,更能调动用户的感官体验,给视觉带来冲击力。

② 户外直播场景搭建难度小。白天直播几乎不需要布光,准备道具和直播设备即可。

③ 户外直播借助自然光线,所以直播时长有限,早晨、中午、下午同一地点的直播效果差异显著。需要根据光线变化,不断调整直播场景。

14 什么是直播间调性?什么是人、货、场匹配度?

直播间调性:直播间"人""货""场"三要素组合呈现的风格。

如同样是直播销售苹果:

A 场景:某大型企业仓库直播,背景是几千平方米的苹果打包区域以及货品传动设备,主播身着陕北特色服装,妆容精致,用水晶果盘呈现冰糖心红富士苹果品质,外包装是高端纸箱礼盒或手提果篮。

B 场景:陕北窑洞,炕头支桌子,房间光线昏暗,主播素颜出镜,手部粗糙裂缝,扯着嗓门卖苹果。苹果盛在竹筐中,主播随手拿起一个苹果用水果刀剖开试吃。

2个场景给用户呈现的调性完全不同，粉丝会认为 A 场景一箱苹果（5斤）100 块，价格合理；而认为 B 场景一箱苹果（10 斤）100 块，价格不实在。如果将 A 场景的产品拿到 B 场景销售，那么销量不一定可观。因为购买礼盒装苹果的用户，注重苹果品质和包装精美度。B 场景营造出的朴实、土特产的场景，与高端礼盒不太匹配。

15 如何分配合理的直播用户场景？

用户场景分配原则：

直播展示区＞直播间可点击"banner 位"＞直播间礼物消息＞直播间聊天消息＞商品展示区。重心依旧是在直播展示区这个部分，用户直观视觉体验直接影响购买。

16 如何评价一个好的直播间？

从场的维度：画面吸睛，平台推荐的用户被吸引并停留观看，营销策略促成交。

从人的维度：主播有感染力，调动用户综合感观；主播有趣味性，让用户好奇、期待并驻足互动。

从货的维度：产品性价比高，刺激用户产生（放大）需求，持续提高转化率。

17 结合直播间空间布局，如何进行景深设计？

结合直播间空间布局，通过景深设计营造出舒适画面感。

① 空间较小的直播间：运用墙角拉长景深，对角线视角让画面距离显得更长；运用背景陈列层次感拉长景深，如销售芝麻糖的直播间，前景为熬制芝麻糖的大锅台，中景有桌面（展示产品），背景挂着农产品的老房墙面。

② 空间较大的直播间：丰富背景陈列，让前景和中景区陈列尽量减少，拉近视觉效果，让消费者感到舒适的视觉感受。

18 直播间的类型

按照场景不同分为实景直播间和虚拟直播间。

① 实景直播间是实际搭建的直播间,对场地、设备要求比较高,搭建成本相对比较高,如果是非专题类直播间可以长期使用。例如泾阳县安吴镇搭建的村级直播间(图9-2)。

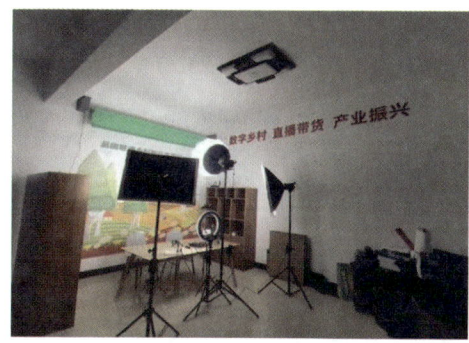

图9-2 村级直播间实景图

② 虚拟场景直播,是运用电影电视的色键抠像技术,将蓝、绿幕实时抠除,再实时置换理想场景的直播(图9-3)。

图9-3 绿幕场景

19 什么是虚拟人?

虚拟人即数字虚拟人,是数字化外形的虚拟人物,除了拥有仿真人外观和行为,结合人工智能技术应用,还拥有人的一部分思考能力,能识别外界、进行交流互动(图9-4)。

图9-4 数字虚拟人

20 什么是虚拟人+元宇宙直播场景？

虚拟人作为元宇宙的重要部分，不仅有娱乐性，更有科技感带来的商业价值。直播作为企业重要的营销宣传方式，虚拟人+元宇宙的场景构建，使得直播打破时空地域限制，节省人力物力，直播更具沉浸式视觉听觉效果，帮助企业在营销推广领域降本增效（图9-5）。

图9-5 虚拟人与真实人同时上镜

21 虚拟人有哪些类型？

虚拟人可以按技术分类、按应用分类、按呈现方式分类（图 9-6）。

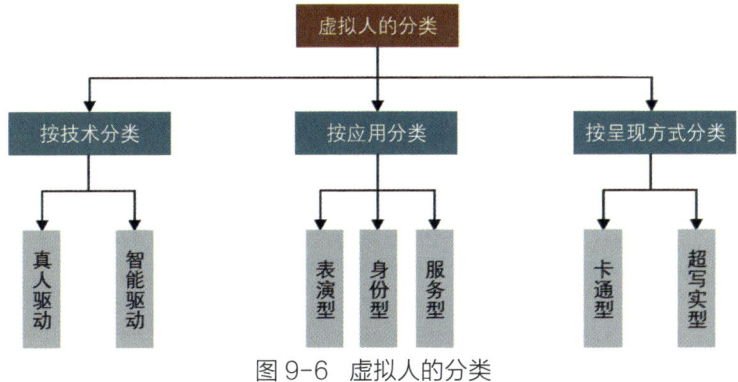

图 9-6 虚拟人的分类

22 虚拟人直播的优势有哪些？

① 虚拟人具有逼真感、交互感，人物造型、服装丰富多样。

② 虚拟人根据预置讲稿表达输出，不会出现断片、忘词等错误。

③ 独特的虚拟人能刺激用户注意力，引发消费者好奇心，增加关注度。

④ 虚拟人实时与主持人、观众互动，生动有趣且新颖，给观众带来沉浸式互动体验。

⑤ 在直播过程中运用云渲染、跟踪、动捕等技术，将虚拟人与背景、嘉宾融为一体。

23 真人直播和虚拟人直播有什么区别？

真人直播和虚拟人直播各有优劣势，但彼此相互依存。目前虚拟人直播起到的更像是一个辅助的作用（表 9-1）。

表 9-1 真人与虚拟人直播特点对比表

直播类型	互动性	持久性	应变能力	成本	记忆点	管理难度	适应性
真人直播	强	差	强	高	弱	大	弱
虚拟人直播	弱	强	弱	低	突出	小	强

24 直播间场景搭建的色彩原则

① 色彩传达产品信息。围绕产品特点，选取主题色，传达产品信息。如杂粮直播间，最好以米白色为主色调，营造健康、粗纤维的产品共性特点。

② 色彩取悦用户情绪。以色彩悦人，抢占消费者心智。如售卖红薯的直播间不建议选择蓝色、青色等深色系，容易让用户联想到变质的红薯。

③ 色彩诱导用户消费。以色彩诱人，为用户提供购买理由。如卖鲜肉的直播间，都喜欢以大红色为主题色；卖百香果、柠檬的直播间，都喜欢以黄色为主题色。

25 直播间场景的色彩搭配技巧

① 选择主题色，主要的色彩不超过3种。
② 主色、配色遵循黄金配色法则，搭配比例为6∶3∶1。
③ 色彩搭配整体协调，局部可设计对比色。

26 4种高转化直播间背景设计风格

（1）以实体店为背景。

在实体开展直播，有利于刺激线上用户线下转化，推广自己的店铺。实体店背景会有真实感，能取得用户信任。

（2）以源头产地为背景。

对于三农类直播，基于农产品种植、农副产品加工制作过程能够还原种植原生态、农副产品传统加工工艺，能够刺激用户产生购买冲动。这种背景能够给用户带来视觉体验、知识扩展、沉浸式体验。产地直播背景给用户产地直发的既视感。

（3）以货架为背景。

这种背景很适合快消行业，如食品类、农特产品等。这种背景在搭建的时候，要突出产品主体、突出量、突出企业的供应能力。

（4）自定义背景。

用绿幕当背景，结合抠图技术，运用视频、图片素材，丰富用户的视觉效果。如直播售卖茶叶的直播间以绿幕为背景，结合陕南茶山视频、图片，丰富室内直播感官效果。

27 直播间软装有哪些工具？

直播间软装工具包括：直播贴片、氛围工具和营销工具。

（1）直播贴片。

资质证明：通过贴片将农产品质检、资质证书等证明展示出来，获取用户信任。

主题及色系：用贴片展示主题，色系要与主题、产品协调。直播间色系和主题有利于增强氛围感，增加辨识度。

利他效应：突出直播间满减、满赠、赠品等重要信息，吸引客户停留参与。醒目的贴片信息能节省主播反复描述时间。

设置方法：直播间→装饰直播间→贴纸→文字贴纸。

（2）氛围工具。

氛围工具："讲解"的辅助工具，如提示牌、氛围牌、讲解牌、尺寸示意牌丰富直播画面，减轻讲解压力，增加直播氛围感（图9-7）。

图9-7 直播间软装工具

（3）营销工具。

红包、福袋、抽奖等营销工具既能增加直播间互动氛围，又能拉长用户停留，帮助商家提升直播数据。

28 三农直播间场景设计的 4 个维度

三农直播间场景设计围绕货品类目和调性分为 4 个维度：商品陈列、场地背景、主播服装妆容风格、硬件设备。

例如：陕北少安哥直播，直播销售陕北苹果，产品盛在竹筐中；场地背景为陕北窑洞、农村小院；主播服装和妆容呈现的是朴素的农村小伙子形象，热心、朴实的性格。陕北少安哥是个人直播，直播设备仅仅是手机和手机支架（图 9-8）。

图 9-8 直播画面

29 如何提高进入直播间的点击率？

提升视觉感受和听觉感受可以提高进入直播间的点击率。

① 视觉感受：主播形象，直播间装修和场景布局。

② 听觉感受：直播间氛围，主播话术，情绪状态，直播背景音乐。

30 常见的三农直播间类型

① 专业讲解型直播间：主播对产品的理解深入，可结合用户场景化的需求卖点，为用户推荐产品，不仅了解产品，还能够学到比较专业的知识。例如：东方甄选直播间，主播不仅能专业详细地介绍产品，还给讲解英语知识点；魔豆大叔直播间，不仅推荐各类杂粮谷物，还普及了

很多关于健康饮食的知识。

② 嘶吼过款型直播间：高分贝嘶吼账号会让用户感到烦躁，同时对于主播来说，费嗓子，耗体力。对于新用户吸引力大，但是老粉丝很快会厌烦，生命周期特别短。

③ 沉浸式体验直播间：这类直播适合乡村旅游、农副产品生产制作类、农村美食吃播等内容。通过主播游览、体验、品尝，分享感官感受，让用户有种身临其境的感受。

④ 剧本脚本型直播间：主播、助播及其他助理根据设计的剧本，展示故事情节和人物特点，这类账号的推荐会更精准、用户停留长、互动参与度高。例如：很多三农直播间都是演绎家长里短的故事，然后在故事中凸显产品卖点，销售红薯、柑橘等地域特色农产品。这类账号对用户的黏性强。

⑤ 优惠导向型直播间：这类直播间全场 5.9 元、9.9 元、19.9 元，直播间以低价、实惠、福利和政策吸引用户，他们的产品往往是消耗品，复购性很强，对于家庭妇女等群体针对性很强。

31 容易被封禁的 3 种直播间类型

① 低质量直播间：主要是指挂机录播、零互动直播、劣质画面的直播间，如采用录制的视频进行循环播放，无讲解、无互动。

② 违规营销直播间：利用福利信息诱骗用户参与，实际不兑现、无法兑现或有其他违反法律与平台规则的内容。

③ 夸大宣传直播间：在直播推广商品时，夸张或不实宣传商品使用效果，误导消费者。

32 什么是直播 PK 场景？

直播 PK 场景：2 个主播之间有竞技导向的连麦互动。双方粉丝不仅是旁观者，还是支持者，通过互动、点赞、打赏等方式参与其中，最终按 PK 积分判定结果。直播 PK 场景不仅增加了粉丝黏性，也提升了粉丝参与度，快速活跃了直播间气氛，也有利于主播之间互相涨粉。

33 拆解直播场景，应从几个维度着手？

① 基础信息：直播主题、直播频次、直播时长、具体时间段。

② 直播间布置（灯光、背景板、道具）。

③ 主播气质、主播风格。

④ 幕后中控、场控配合策略。

⑤ 背景音效、团队口号、道具准备、贴片内容。

⑥ 观众感受、互动、评论情况。

34 直播间场景如何解决转化问题？

① 通过场景要体现的 2 个重点信息：直播间为什么值得信任，粉丝为什么要下单。

② 直播场景要为粉丝带来 2 点价值：有趣或有价值，以实现提升停留，促进转化。如挖藕直播、海钓带鱼、开蚌取珍珠等场景。

③ 有背书、有停留，粉丝才会听主播讲品，才可能有转化。

35 直播间场景搭建之前必须明确的 4 个问题

① 所处的行业，行业竞争状态。

② 直播销售的主要产品。

③ 主营产品的用户画像。

④ 对标账号。

例如：魔豆大叔的直播间销售的杂粮产品，产品价格定位中上，对标的消费客群以 40 岁以上男性粉丝居多，注重健康生活和养生饮食；直播场景多为厨房、小院，装修风格高端简约、色调淡雅清新；主播语速缓慢、表达严谨，气质大方沉稳，给粉丝的感受是邻家大叔，惬意生活，注重健康养生，追求高品质生活（图 9-9）。

图 9-9　直播间场景展现

36　单品三农带货型直播间的场景策略

① 产品：适合于利润率较低、受众范围广的单品初级农产品。

② 直播场景：田间地头、存储仓库、农村集市。

③ 主播：低价人设、衣着朴素、素颜出镜（凸显艰辛沧桑）。

④ 灯光：光线柔和，呈现自然状态。夜间直播根据实际情况而定，户外直播选择阳光明媚、万里晴空。

37　多品三农带货型直播间的场景策略

① 产品：适合于利润率较低、受众范围广的初级农产品、农副产品。

② 直播场景：室内厨房、炕头、农家小院、农村集市、山水之间。

③ 主播：低价人设、衣着朴素、素颜出镜（凸显艰辛沧桑）、主播＋助播。

④ 灯光：光线柔和，呈现自然状态。夜间直播根据实际情况而定，户外直播选择阳光明媚、万里晴空。

38 三农知识型直播间的场景策略

① 产品：适合于利润率较高的初级农产品、农副产品。

② 直播场景：室内厨房、院落、休闲养生山庄、核心产地考察途中、搭建特定主题场景、绿幕虚拟主题背景。

③ 主播：高知人设、高生活品质、衣着素雅得体（商务休闲风）、淡妆出镜、可戴眼镜、主播＋助播。

④ 灯光：暖色调光线，呈现舒适惬意状态。户外直播选择阳光明媚、万里晴空。

39 富贵助农直播间的场景策略

① 产品：适合于利润率较高的名贵农特产（灵芝、藏红花、虫草、鲍鱼、花胶等）。

② 直播场景：豪宅厨房、别墅院落、高级餐厅、休闲养生山庄、核心产地考察途中、搭建特定主题场景、绿幕虚拟主题背景。

③ 主播：人生赢家人设、高品质生活、衣着华丽（可选奢侈品牌）、佩戴珠宝、精致妆容、主播或主播＋助播。

④ 灯光：暖色调光线，呈现奢华生活状态。户外直播选择阳光明媚、万里晴空。

40 娱乐搞笑直播间的场景策略

① 产品：适合于利润率适中、受众范围广的初级农产品、农副产品。

② 直播场景：不限，但有话题、有槽点。

③ 主播：夫妻档、爷孙及婆孙档、兄弟姐妹档、闺蜜搭档、个人。

④ 灯光：丰富多样化，但要真实呈现产品品质、突出卖点。

41 剧情演绎直播间的场景策略

① 产品：适合于利润率适中、受众范围广的初级农产品、农副产品、

手工制品等文创品。

② 直播场景：宫斗风、婆媳生活、夫妻日常、亲子、情侣、办公室剧情或工作场景等。

③ 主播：夫妻档、爷孙及婆孙档、兄弟姐妹档、闺蜜搭档、默契搭档。

④ 灯光：丰富多样化，但要真实呈现产品品质、突出卖点。

42 艺术展示直播间的场景策略

① 产品：适合于利润率高、受众范围广的文创产品、农特产品。

② 直播场景：创作场景、展示场景等。

③ 主播：主播+助播、默契搭档。

④ 灯光：光线柔和，呈现自然状态。能真实呈现产品品质、突出卖点。例如书画、刺绣、剪纸、农民画、蒲扇等。

43 为什么搭建直播间，不建议背景用大白墙？

① 直播间背景是呈现直播间主题和价值点的重要阵地，背景要与产品、主播、直播间定位相符合。

② 直播间布灯补光，纯白色背景易反光，会造成粉丝视觉疲劳。

44 微距直播如何搭建场景？

① 直播设备：摄像头直播（罗技 C920）、手机直播（首选华为、苹果新版机型手机）。

② 中控设备：电脑处理器需要 i5 及以上。

③ 主灯：白炽光或 LED 灯带。

④ 辅灯：冷光灯（增加立体感，突出侧面，弱化阴影）。

45 微距直播如何陈列商品？

为了便于粉丝进入直播间一眼能将产品尽收眼底，微距直播最好能将产品全部陈列。

高客单的商品，建议使用高端货架、装饰品、道具修饰陈列，侧重凸显品质和价值。

低客单的商品，可以堆叠或平铺，打造直播间的立体感，确保商品能被粉丝尽收眼底，侧重于走量跑单。

46 移动式直播的场景如何搭建？

移动式直播主要在于呈现大环境，适应产品的分散性。例如：果园直播葡萄、苹果、猕猴桃等采摘场景。

① 直播设备：手机直播、手持稳定器。

② 收音设备：领夹麦克风。

③ 灯光：手持灯棒、反光板等。

④ 直播人员：主播＋助播。

⑤ 选择僻静的直播环境，避免嘈杂和其他人员干扰。

47 为什么带货直播要经常更换场景？

① 为了给粉丝营造新鲜感，让粉丝有期待。

② 为了与带货产品相匹配，让粉丝信任产品品质。

③ 为了满足粉丝的好奇心，让粉丝获得情绪价值。

48 在直播间使用背景音乐侵权吗？

直播间使用背景音乐涉及侵权问题。根据最新修改的《著作权法》第45条，付酬标准见表9-2。

表9-2 背景音乐付酬标准

直播间类型	每年	每季度	每月
K歌＋背景音乐的直播间	300元	83元	29元
单纯使用背景音乐的直播间	100元	26元	10元
使用音乐的电商直播间	1万元	2777元	980元

49 在直播间里演唱他人歌曲是否造成侵权？

是的。根据《著作权法》第38条规定，使用他人作品演出应取得作品所有者授权许可，否则将触犯著作权法。

50 为什么还有很多直播间在使用或演唱他人未授权的音乐？

可能使用人对此类作品版权的法律意识淡薄，导致还有很多直播间在使用或演唱未经著作权人授权的音乐。大家应当遵纪守法，在守法的前提下去做好直播间直播与带货。